Pour M. l'Abbé Anastase

pour M.

G. E. Reynal

MÉMORIAL DE PARIS

ET DE SES ENVIRONS

Nouvelle Edition.

Considérablement augmentée

PREMIERE PARTIE.

à Paris 1749

Chez BAUCHE, fils, Quay des Augustins, à S.te Geneviève

Avec Privilége du Roy.

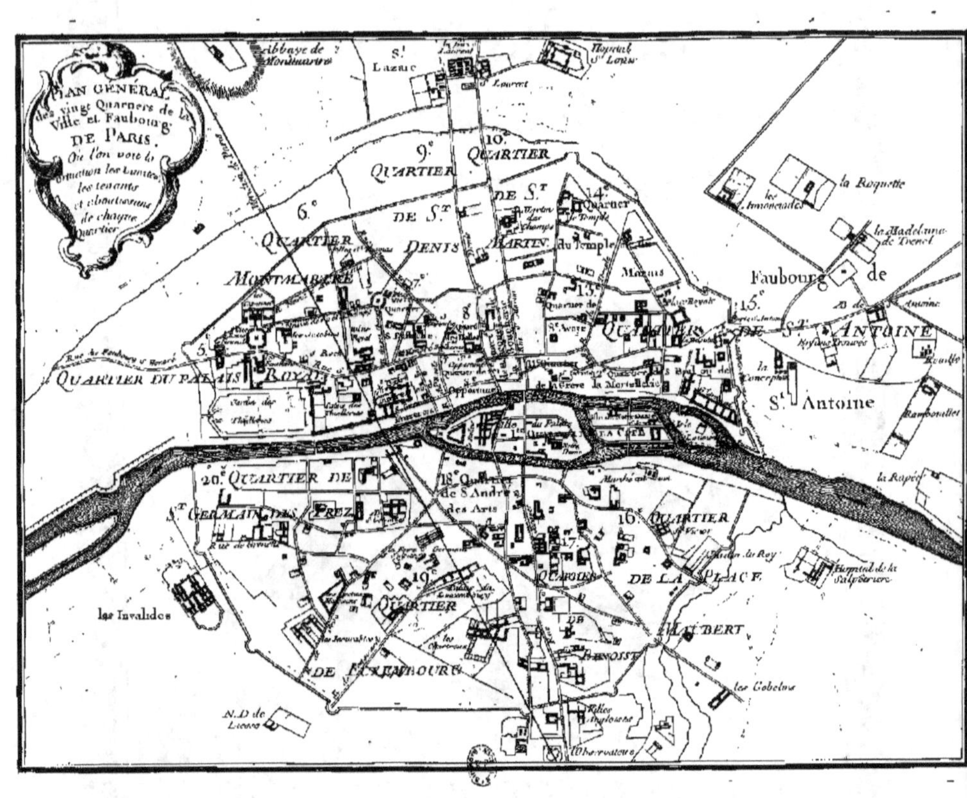

PLAN GENERAL
des Vingt Quarters de la
Ville et Faubourg
DE PARIS.
Où l'on voit la
formation des Lumières
les tenants
et aboutissants
de chaque
Quartier.
Abbaye de Montmartre
St Lazare
St Laurent
Hopital St Louis
St Laurent
9e Quartier
10e Quartier
6e
QUARTIER DE St
DENIS MARTIN
14e Quarter du Temple
la Roquette
les Limonades
la Madeleine de Trenel
MONTMARTRE
13e Quarter de
Marais
15e
Faubourg de
QUARTIER DU PALAIS ROYAL
5e
8e
QUARTIER DE St ANTOINE
St Antoine
Rambouillet
Jardin des Thuilleries
LA CITÉ
la Rapée
20e QUARTIER DE
St GERMAIN DES PREZ
18e Quartier de St André des Arts
16e QUARTIER
les Invalides
19e QUARTIER
17e
QUARTIER DE LA PLACE
Hopital de la Salpetriere
DE LUXEMBOURG
St LAMBERT
les Gobelins
N.D. de Laons
Eglise Angloises
l'Observatoire

PLAN GÉNÉRAL

A MONSIEUR

BERRYER

CHEVALIER , CONSEILLER
du Roy en ſes Conſeils, Maître des
Requêtes ordinaire de ſon Hôtel, &
Lieutenant Général de Police de la
Ville, Prévôté & Vicomté de Paris.

**ONSIEUR,**

L'Ouvrage que j'ai l'hon-
neur de vous préſenter , n'eſt

I. Partie.   a

point étranger à votre caractere :
c'eſt la Deſcription abregée
d'une des plus grandes & des
plus belles Villes du monde, où
votre vigilance & vos ſoins font
regner la tranquillité & l'abondance.

Chargé par un grand Roy,
juſte Eſtimateur du mérite, d'entretenir le bon ordre dans cette
Capitale du Royaume, vous
n'avez point trahi ſa confiance,
Vous en avez compris toutes les
obligations, MONSIEUR,
Vous vous êtes fait un devoir
de les remplir ; & dans l'exercice de ce miniſtere, votre fer-

EPÎTRE.

meté à réprimer la licence, n'a point fait tort à votre équité. Chaque branche de la Police publie également la Justice de vos Décisions, & la justesse de vos lumieres.

Agréez, MONSIEUR, que je mêle ma foible voix avec celle de nos Concitoyens, pour célébrer tant de belles qualités? La Librairie ne cessera de les respecter, puisqu'elles ont pour guide l'amour des Belles Lettres. Personne n'ignore qu'en vous, le Magistrat infatigable est uni à l'homme de Lettres, & que vos connoissances s'éten-

EPITRE.

dent également à la Police, qui
fait le bonheur des hommes, &
aux Sciences qui en font l'agré-
ment.

J'ai l'honneur d'être avec un
profond respect,

MONSIEUR,

Votre très-humble & très-obéissant
Serviteur, BAUCHE, fils.

AVERTISSEMENT

DU LIBRAIRE.

L'Ouvrage que l'on préfente de nouveau au Public, eft connu par plufieurs Editions. Il a dû principalement fa réputation aux Recherches qu'il fuppofe, au choix des matieres qu'on y a fait entrer, à la méthode avec laquelle il eft écrit: Un Etranger, le *Mémorial* à la main, n'eft plus Etranger dans Paris, fi l'on peut parler ainfi: Spectacles, Promenades, Hôtels, Edifices publics, Académies, Bibliothéques, Peintures, tout ce qui mérite quelqu'attention, fe trouve dans un détail convenable; & fans cette profufion d'érud t on qui dégoûte.

Le Pub.ic s'étóit pourtant apperçu qu'il manquoit quelque chofe à ce Livre : on a eu recours aux lumieres de plufieurs perfonnes éclairées, pour lui donner le degré de perfection dont il étoit fufcepb'e. Les fautes qui s'y étoient gliffées, ont été corrigées ; des matieres importantes trop fuperficiel-

a iij

lement traitées, ont été approfondies; les Cabinets de Peinture, d'Histoire Naturelle, & de Curiosités dont l'on n'avoit pas parlé, se trouvent à leur place. Le *Mémorial* s'est paré avec soin des nouveaux Embélissemens de Paris.

Quoique toutes ces augmentations soient considerables, elles sont bien peu de choses en comparaison d'une Description abregée, que l'on donne pour la premiere fois, de la France. L'on n'y a rien obmis de ce qui concerne la Cour, le Clergé, les Tribunaux de Justice, les Compagnies de Finance & de Commerce, &c. Un Etranger qui retourne dans sa Patrie, est bien aise d'y apporter une Relation un peu détaillée du Royaume le plus florissant de l'Europe.

Cette Description est précédée d'une Dissertation sur l'Origine des Francs nos Ancêtres. Ce n'est pas une nouveauté, mais c'est un morceau précieux & peu connu.

Les avantages dont l'on vient de parler, sont relevées par deux Cartes; la premiere contient la Ville de Paris, divisée par ses vingt Quartiers; la se—

conde , la France divisée par Généra-
lités , avec les Routes des Postes.

L'Ouvrage est divisé en deux Parties : La premiere est terminée par la
Description des Tableaux du Palais
Royal , & de la Gallerie de Luxembourg , accompagné de la Liste des
Peintres, depuis le rétablissement de la
Peinture jusqu'à présent. La seconde
Partie est terminée par un petit Itine-
raire ou Routes du Royaume , avec la
distance de Paris à ces endroits , ce qui
est très-commode pour voyager dans
ce Royaume.

L'on a conservé l'ancien Titre de
Memorial de Paris , afin de le distinguer d'un autre sur la même matiere ,
qui porte le nom de *Curiosités*. Ce Livre , ainsi que la *Description* qu'en a
donné M. Piganiol , est d'une bien plus
grande étenduë. Si le Titre n'étoit pas
different , il seroit aisé de se laisser abu-
ser , & l'on seroit fâché de priver les
Curieux de la lecture de pareils Ouvrages.

TABLE

DES MATIERES

De la premiere Partie.

DES MATIERES.

TABLE

TABLE DES MATIERES.

Fin de la Table de la premiere Partie.

MEMORIAL

MEMORIAL
DE PARIS,
ET
DE SES ENVIRONS.

PREMIERE PARTIE.

DE L'ORIGINE
de la Ville de Paris.

LES sentimens sont fort partagés touchant l'Origine de la Ville de Paris. Ce qu'il y a de vrai, c'est que César en parle dans les Commentaires, comme d'une Ville déja connue.

Quoique cette grande Ville ait été

floriſſante ſous les Rois, même de la premiere Race; cependant c'eſt dans le ſiécle paſſé que la plus grande partie des Ouvrages qui y ſont les plus remarquables ont été élevés. Mais cela n'eſt pas ſurprenant; car Paris a été brûlé ſix fois : ſous Jules-Céſar, ſous Childebert, ſous Gontran Roi d'Orleans, ſous Dagobert, en 881. par les Normands, & ſous Henri I. en 1034. ce qui fait qu'on n'y voit pas beaucoup de bâtimens anciens..

Paris eſt diviſé en trois parties. La Cité, l'Univerſité, & ce qu'on appelloit autrefois, la Ville : le tout ſe partage en vingt Quartiers. La Cité eſt le vieux Paris; l'Univerſité & la Ville ſont le nouveau.

On compte dans Paris huit à neuf cent mille Habitans; vingt-trois mille Maiſons, dont pluſieurs ont juſqu'à ſept étages; cent trente-quatre Couvens de l'un & de l'autre ſexe; vingt Ponts; cinquante-quatre Fontaines; près de mille Ruës, dont on apprend les noms par le moyen d'un écriteau qui eſt au coin de chacune, depuis l'année 1728.

On croit que cette Ville produit au Roi vingt-cinq millions de revenu, tous les ans; & quinze millions pour la Capi-

‑tation : ce qui fait, en tout, quarante millions.

DES EGLISES.

L'ON dit ordinairement que pour faire une belle Eglise, il faudroit joindre le Chœur de Beauvais, la Nef d'Amiens, le Portail de Reims, les Clochers de Chartres, & les Tours de Notre-Dame de Paris.

Voici les Eglises de cette Ville les plus remarquables, ou par elles mêmes, ou parce qu'elles renferment.

Notre-Dame.

La Ste Chapelle.

S. Germain l'Auxerrois.

Les PP. de l'Oratoire.

S. Honoré.

S. Roch.

Les Jacobins Réformés.

Les Capucines, Place Vendôme.

Les Petits Peres, près la Place des Victoires.

S. Sauveur.

S. Eustache.

S. Gervais.

Les Jésuites, rue S. Antoine.

Les Minimes, Place Royale.

Les Celestins.

Saint Nicolas du

Chardonnet.

S. Etienne du Mont.

Sainte Geneviéve.

La Chapelle des Jésuites, ruë. S. Jacques.

La Sorbonne.

Les Chartreux.

Les Carmelites, ruë S. Jacques.

Le Val de Grace.

Les Invalides.

Les Jacobins, ruë

S. Dominique.

Les Carmes Déchaussés.

Les Jésuites du Noviciat.

S. Sulpice.

S. Germain des Prés.

Le College des Quatre Nations, autrement dit de Mazarin.

Les Grands - Augustins.

De l'Eglise de Nôtre-Dame.

L'EGLISE de Notre-Dame, malgré son Architecture Gotique, est une des plus remarquables de toute la France, par la hardiesse de sa structure, par la commodité de sa distribution & par sa grandeur. Elle a 65. toises de longueur, 24. de largeur, & 17. de hauteur. Il y a 120. colonnes qui soutiennent tout l'édifice,

La façade est remarquable par son élévation & sa structure : on y voit les ſtatues de vingt-huit Rois. Celle de Philippe-Augufte eſt la derniere.

Les trois grandes portes ſont encore à remarquer par le grand nombre de figures qui ſont tout autour.

Cette Eglife a porté le nom de ſaint Denis juſqu'à l'an 522. car ce fut dans ce tems-là qu'on la rétablit ſous Childebert I. & qu'elle fut dédiée à la Vierge. Le P. Daniel penſe autrement dans ſon Hiſtoire de France.

L'ancien édifice fut changé dans la ſuite : on commença à le rebâtir vers l'an 1000. du tems du Roi Robert, fils de Hugues Capet; & il fut achevé ſous Philippe-Augufte, vers l'an 1150.

La premiere pierre avoit été miſe avec beaucoup de ſolemnité par le Pape Alexandre III. alors refugié en France; lequel fit enſuite conſacrer le grand Autel par ſon Légat.

Le Pere de Montfaucon aſſure que cette Eglife avoit été autrefois un Temple dédié à Jupiter. Une inſcription trouvée dans ces derniers tems, ſert beaucoup à confirmer cette opinion.

Le Chœur a été refait depuis peu : il avoit été commencé en 1699. ſur les deſſeins de *Jules-Hardouin Manſart*,

mais il a été exécuté fur les deſſeins de
de Cotte le pere, & fini en 1714. par
de Cotte le fils. M. le Cardinal de Noailles a dépenſé pour la réparation & l'em-
belliſſement de toute l'Egliſe plus de
500000. livres.

On a augmenté depuis peu quatorze
cent tuyaux aux Orgues ; elles ſont les
plus complettes du Royaume par le
nombre des jeux.

Le Sanctuaire qui eſt dans le Chœur
eſt élevé ſur ſept marches d'un marbre
choiſi, avec deux Baluſtrades en demi-
cercle, dont les appuis ſont d'un marbre de Languedoc, & les pilliers de
marbre doré. Ce Sanctuaire eſt pavé
de marbre de diverſes couleurs : il eſt
fermé entre les Arcades par des grilles
de fer doré d'un très-beau travail.

Le grand Autel eſt tout incruſté de
marbre ; les devans ſont de porphyre,
accompagnés de quantité d'ornemens.
Les deux Anges aux côtés, en attitude
d'adoration, ſont de bronze doré, & les
piédeſtaux de marbre blanc. Ces deux
Anges ſon jettés d'après les modéles de
Cayot.

Le Bas-relief ovale, qui orne les
Gradins entre les deux Anges, eſt de
Vaſſé.

La Figure de la Sainte Vierge qui est au milieu de la niche, tenant Notre-Seigneur sur ses genoux, est un des meilleurs ouvrages de *Coustou* l'aîné.

La Statue de Louis XIII. en marbre blanc, qui est à main gauche, est de *Coustou* le jeune ; & celle de Louis XIV. à main droite, est de *Coisevox*.

Derriere le grand Autel, il y en a un autre qu'on appelle l'Autel des *Féries* : il est de marbre, avec plusieurs ornemens de sculpture, par *Coustou* l'aîné. Au-dessous est un groupe d'Anges qui tiennent la suspension, où est le Saint Sacrement ; & aux pilliers des Arcades, il y a six Anges de plomb en couleur de bronze, de hauteur naturelle, posés sur des culs-de-lampes de marbre blanc : chacun de ces Anges tient un instrument de la Passion de Notre-Seigneur.

Au bas des marches du Sanctuaire, il y a un marbre blanc, sous lequel sont dans le caveau, les Entrailles de Louis XIII. & celles de Louis XIV.

La menuiserie du Chœur mérite attention ; aussi-bien que les Bas-reliefs du Lambris, & les Tableaux.

Il y a dans différens endroits de l'E-

glife , quantité d'autres Tableaux magnifiques & dignes d'attention. Ceux
qu'on voit placés entre chaque pillier ,
font la plûpart des préfens que le Corps
des Orfévres de Paris a offert à la fainte Vierge tous les ans , au premier de
Mai.

Le fieur *Gregoire* , éleve de M. *Ref-
tout* les a parfaitement rétablis depuis
peu. Il y a mis un ordre néceffaire
pour éviter la confufion , en plaçant
tous les fujets de l'Evangile à main gauche , & les Actes des Apôtres à droite.

La groffe Lampe d'argent , qui eft
devant le grand Autel , dans le Chœur,
a été donnée par Anne d'Autriche ,
Epoufe de Louis XIII. à la naiffance de
Louis XIV. Il y a 120. marcs d'argent.

La décoration de la Chapelle de la
Vierge , qui eft dans la croifée , eft ef-
timée par le bon goût , avec lequel le
marbre & la dorure y font employés :
elle a été faite aux dépens du Cardinal
de Noailles , Archevêque de Paris.

La Chapelle de l'autre côté , qu'on
appelle *de S. Denis* , eft dans le même
goût. Les Docteurs de Sorbonne auffi-
tôt qu'ils ont reçû le Bonnet Doctoral ,
vont jurer fur l'Autel de cette Chapel-

le , de défendre toujours la Religion jusqu'à l'effusion de leur sang.

Il ne faut pas négliger de voir le Tréfor : il y a de fort belles chofes , entre autres un Soleil d'argent d'un volume prodigieux , un grand Calice d'or, &c.

A l'entrée de l'Eglife , il y a deux Tours de 34. toifes de hauteur. L'efcalier eft de 389. dégrés. De ces Tours, on voit Paris beaucoup mieux que du Dôme des Invalides , ou de l'Obfervatoire.

On y doit obferver une Cloche qui eft la plus groffe du Royaume , après celle de Rouen. On ne la fonne que fort rarement , & il faut vingt-quatre perfonnes pour la mettre en mouvement, à ce qu'on dit.

Le Chapitre de Notre-Dame , qui eft compofé de cinquante-deux Chanoines, a plus de 249000. liv. de revenu, depuis l'union du Chapitre de S. Germain l'Auxerrois, & l'Archevêché de Paris en vaut plus de 150000. liv.

Chriftophe de Beaumont eft le cent dix-feptiéme, qui ait gouverné le Diocéfe de Paris.

Il y a eu fix Papes qui ont été Chanoines de cette Eglife , & trente-deux Cardinaux.

On a remarqué qu'autrefois il falloit monter par treize dégrés de pierre qui regnoient le long du Parvis, pour entrer dans l'Eglise, ensuite il a fallu descendre : maintenant l'entrée est presque de plein pied.

LISTE DES TABLEAUX
au-dessus des Stalles.

1. L'Annonciation, peinte par *Claude Hallé*.

2. La Visitation peinte de la main gauche par *Jean Jouvenet*, étant paralytique : ce Tableau est un des plus beaux par sa composition & par son dessein.

3. La Nativité de JESUS-CHRIST, par *de la Fosse*.

4. L'Adoration des Mages, par le même. Ces deux Tableaux méritent une grande attention pour l'harmonie des couleurs.

5. La Présentation de Jesus-Christ au Temple, par *L. de Boullongne*, premier Peintre du Roi.

6. La Fuite en Egypte, par le même.

7. Notre-Seigneur au milieu des

Docteurs, par *A. Coypel*, premier Peintre du Roi.

8. L'Assomption de la sainte Vierge, par le même.

En entrant dans l'Eglise par la grande porte du côté du Cloître.

1. La Résurrection de la fille de Jaïre, peinte par *Vernansal*, en 1689.

2. Herodiade tenant la tête de S. Jean, par *Cheron*, en 1689.

3. Jesus-Christ chez Marthe & Marie, par *Simpol*, en 1704.

4. La multiplication des Pains, par *Christophe*, en 1696.

5. La Vocation de S. Pierre & de S. André, par *Corneille*, en 1672.

6. Les Marchands chassés du Temple, par *Claude Hallé*, en 1686.

7. Le Paralytique guéri par Jesus-Christ, peint par *Jean Jouvenet*, en 1673.

8. La Samaritaine, par *Boullongne*, premier Peintre du Roi, en 1695.

9. Le Centenier aux pieds de Jesus-Christ, par le même.

10. Le Paralytique au bord de la Piscine, par *Boullongne* l'aîné, en 1678.

Du côté de l'Archevêché.

1. Le Ravissement de saint Philippe, par *Blanchet*, en 1663.

2. Saint Paul & Silas en prison, par *Montagne*, en 1662.

3. Saint Pierre qui guérit le Boiteux, par *Silvestre*, premier Peintre du Roi de Pologne, en 1703.

4. La délivrance de S. Pierre de prison, par *Corneille* le jeune, en 1679.

5. Le départ de saint Paul, peint par *Galloche*, en 1705.

6. Saint Étienne conduit au Martyre, par *Hoüasse*, en 1675.

7. Le Martyre de saint Simon, par *Boullongne* le pere, en 1648.

8. Saint Jean jetté dans la Chaudiere à la Porte-Latine, par *Hallé* le pere, en 1662.

9. L'Apparition de Jesus-Christ à saint Pierre à Rome, par *Mignard* en 1664.

Sous les Orgues.

1. Saint Barthelemi guérissant la fille de Polémon, du démon, dont elle étoit possedée, par *Vignon*, en 1668.

2. A côté de ce Tableau, la mort

d'Ananie & de Zaphire, par *A. Voüet,* en 1632.

3. Au deſſous, ſaint Paul prêchant dans l'Aréopage, par *de Leſtain,* en 1636.

4. De l'autre côté du Cloître, le Centenier Corneille aux pieds de ſaint Pierre, par *A. Voüet,* en 1639.

5. Au-deſſous, ſaint Pierre qui guérit le Boiteux à la porte du Temple, par *Lallemand,* en 1630.

Dans la Croiſée du côté du Cloître,

1. La Deſcente du ſaint Eſprit ſur les Apôtres, par *Blanchard,* en 1634. Ce Tableau eſt très-eſtimé.

2. Saint Paul faiſant brûler les Livres des Payens, à Epheſe, peint par l'illuſtre *le Sueur,* en 1649. C'eſt un de ſes plus beaux ouvrages.

3. La Réſurrection de Tabite, par ſaint Pierre, peinte par *Teſtelin,* en 1652.

4. Le Martyre de ſaint Barthelemi, par *Paillet,* en 1660.

5. Saint Jacques conduit au Martyre, par *N. Coypel,* en 1690.

6. Premier Sermon de ſaint Pierre, par *Poerſon* le pere, en 1642.

7. S. Paul convertiffant le Proconfuï Sergius Paulus, par *Loir*, en 1650.

8. Saint Yves, par *Monier*, & donné à cette Eglife en 1697. par M. le Marquis de Locmaria.

9. Au-deffous, à côté de l'Autel eft le fameux Tableau de *Bourdon*, en 1643. qui repréfente le Martyre de S. Pierre à Rome. Ce Tableau eft des plus eftimés.

10. La Converfion de S. Paul, par *la Hire* en 1637.

11. Saint Paul & S. Barnabé refufant le Sacrifice des Habitans de la ville de Lyftre, par *Corneille*, en 1644.

Dans la croifée, du côté de l'Archevêché.

1. Vis-à-vis la Chapelle de la Vierge, un Tableau repréfentant le Vœu de Louis XIII. peint par *Philippe Champagne*, en 1634.

2. Le Martyre de faint André, par l'illuftre M. *le Brun*, en 1647.

3. Le Martyre de faint Etienne, par le même, en 1651.

4. S. André à genoux devant fa Croix, par *Blanchard* le jeune, en 1670.

5. La Décollation de faint Paul, par *Boullongne* le pere, en 1657,

6. La Femme guérie du flux de sang, par *Cazes*, en 1706.

7. S. Paul lapidé dans la ville de Lystre, par *Champagne* le jeune en 1667.

8. La Sainte Famille peinte par *Pailler* en 1684.

9. Au-dessous, la Flagellation des S. S. Paul & Silas, par *Testelin*, en 1655.

10. Le Naufrage de S. Paul en l'Isle de Malte, par *Poerson* pere, en 1653.

11. Saint Pierre guérissant des malades de son ombre, par *de la Hire*, en 1635.

Sous les bas côtés du Chœur, du côté du Trésor.

1. L'Adoration des Mages, peinte par *Vivien*, en 1698.

2. La Décollation de S. Jean-Baptiste, par *Audran*, en 1674.

3. Le repentir de saint Pierre, par *Tavernier*, en 1699.

4. Saint Paul devant Agrippa, peint par *Villequain*, en 1656.

Sous les bas côtés du Chœur, du côté du Cloître.

1. La Résurrection d'Eutique, par saint Paul, peinte par *Courtin*, en 1707.

2. Saint Jean prêchant dans le défert, par *Parocel* pere, en 1694.

3. Le Prophéte Agabus preüifant la Captivité de faint Paul, par *Cheron*, en 1687.

Eglife de la Sainte Chapelle.

SAINT Louis fit conftruire cette Eglife en 1245. par *Pierre de Montereau*. On en admire beaucoup la hardieffe, quoique l'Architecture foit Gotique.

Entre les chofes les plus remarquables, il faut confidérer la Statue de Notre-Dame de Pitié, qui eft dans la Nef, par *Germain Pilon*.

Le Tréfor de la fainte Chapelle feroit digne d'être vû ; mais comme il faut une Lettre de Cachet du Roi, peu d'Etrangers en ont la permiffion.

On peut, au moins, voir les curiofités qu'on conferve dans la Sacriftie, entr'autres, le Chef de faint Louis, foutenu par deux Anges ; le Chef avec fa Couronne, eft d'or ; les Anges font de vermeil. Le Bâton de Chantre, au haut duquel il y a une Agathe très-confidérable, qui repréfente S. Louis à demi corps. L'Agathe Onix antique, qui repréfente l'Apothéofe d'Augufte, eft ineftimable : elle eft de 15. pouces en ovale.

M. *Piganiol* dans fa Defcription de Paris, a donné un détail affez exact de toutes les richeffes de cette Eglife.

Eglife Paroiffiale de S. Germain l'Auxerrois.

LE Roi Childebert fit bâtir, fous l'Invocation de S. Vincent, l'Eglife qu'on nomme aujourd'hui S. Germain *l'Auxerrois*. Elle eft d'une Architecture Gotique affez groffiere, & qui n'a rien de remarquable. Le Maître-Autel eft enfermé dans une baluftrade, ornée de quatre Anges, & de fix vafes de Bronze, du deffein de *Germain Pilon*. Le Crucifix de l'Autel, la Madeleine à fes pieds, & la Converfion de S. Paul en bas-relief fur le devant d'Autel, ont été modelés & fondus par *Vancléve*.

La Chapelle qui étoit anciennement celle de la Paroiffe, avant que le Chapitre eut été réuni à celui de Notre-Dame, & qui eft à main droite, eft en

II. Partie. B

richie de marbre & de porphire. Les
Tableaux de S. Vincent & de S. Germain Evêque d'Auxerre, sont peints
par *Philippe Champagne.*

Auprès de cette Chapelle, est un saint
Jacques peint par le fameux *le Brun.*
Celle des Rostaing est fort ornée de
Sculpture, mais très-médiocre. Dans
celle des Agonisans, il y a un Tableau
excellent de *Jouvenet,* qui représente
le Sacrement de l'Extrême - Onction.
Le dessein de l'Œuvre par *le Brun,* est
admirable, c'est la plus belle de Paris.
Dans la Chambre des Marguilliers est
une excellente Copie de la Céne de
Leonard de Vinci, qui est au Réfectoire des Dominicains à Milan.

Voici le nom des personnes distinguées
qui y sont enterrées. *Jacques du Bois,* dit
Sylvius ; célébre Médecin. Buchanan a
fait son Epitaphe en deux vers latins,
qui est singuliere. Il est mort en 1551.
François Olivier, Chancelier de France, d'un sçavoir profond & d'une grande piété, mort en 1560. *François Olivier,* Abbé de S. Quentin de Beauvais,
& son petit-fils, fut fameux par les
connoissances, des Livres, des Médailles & des Pierres gravées. Etant
devenu aveugle, il en distinguoit les

beautés au toucher. Il mourut en 1636.
Au côté droit du Chœur, on lit l'Epitaphe du sieur *Kernevenoy*, dit *Carnavalet*, Seigneur Breton, premier Ecuyer d'Henri II. lequel mit son fils qui fut ensuite Roi de Pologne & de France, sous la conduite de ce Seigneur respectable par son esprit, son courage & sa probité. Il mourut en 1571. *Claude Fauchet*, Premier Président à la Cour des Monnoyes, célébre par son Histoire de France, écrite sur des Mémoires & des Manuscrits qui n'existent plus, avec une vérité & un discernement rares dans un Historien. Il est mort en 1603. *Pompone de Belliévre*, Chancelier de France, fut le plus grand Magistrat, le plus habile Négociateur, & le Ministre le plus intégre de cinq de nos Rois. Il fut appellé le Nestor de son siécle. Il mourut en 1607. âgé de 78. ans. Son fils *Nicolas de Belliévre*, Président à Mortier au Parlement de Paris, est inhumé auprès du Chancelier, aussi-bien que *Pompone* son petit-fils, Premier Président au Parlement de Paris, & Ambassadeur dans les Cours Etrangeres, mort en 1657. *Concino Concini*, du

le *Maréchal d'Ancre*, mort en 1617. fut enterré sous l'Orgue, & exhumé par la populace qui déchira son cadavre.

Dans la Chapelle saint Laurent, est la Sépulture de *Louis Phelypeaux de Pontchartrain*, Premier Président au Parlement de Bretagne, Intendant des Finances, Controlleur général, Ministre & Secretaire d'Etat, Commandeur & Secretaire des Ordres du Roi, enfin Chancelier de France ; il se retira à l'Institution de l'Oratoire en 1714. & mourut en 1727. âgé de 85. ans. Cette Maison est originaire de Beaufort en Anjou, & a donné dix Secretaires d'Etat. *François Malherbe*, Poëte célèbre, mort en 1628. âgé de 73. ans. *Eleazar de Sarcilly*, dit de *Chandeville*, Poëte & neveu de Malherbe. On y voit encore le Mausolée d'*Etienne d'Aligre*, Chancelier de France, mort en 1677. Ce Monument est de *Laurent Ménier*, Sculpteur Romain. *Abraham Remi*, Professeur d'Eloquence au College Royal & excellent Poëte-Latin, mort en 1646. *Jacques Cordier*, dit de *Bocan*, célèbre Maître à danser des Reines de France, d'Espagne, d'Angleterre, de Pologne & de Dan-

Remarc. *Jacques Stella*, excellent Peintre du Roi, né à Lyon, & mort à Paris en 1647. âgé de 50. ans; il fut logé aux Galleries du Louvre, & pensionné de Sa Majesté. *Pierre Seguin*, premier Médecin du Roi Louis XIII. mort en 1648. âgé de 82. ans, & son fils *Pierre Seguin* très-sçavant Antiquaire. *Charles Annibal Fabrot*, Professeur de Droit à Aix, & profond dans la Jurisprudence, le Grec, & les Belles-Lettres, a donné d'excellentes Notes sur les Institutes de Justinien, la Traduction Latine des Basiliques, 7. vol. in fol. L'Edition de plusieurs volumes de l'Histoire Bizantine, imprimée au Louvre; celle des Œuvres de Cujas, 10. vol. in fol. il mourut en 1659. *Jacques Sarrazin*, excellent Sculpteur, mort en 1666. *Louis le Vau*, premier Architecte du Roi, & très-habile, mort en 1670. âgé de 58. ans. *Jean Warin* Gentilhomme Liégeois, Peintre, Sculpteur & Fondeur, Conducteur général des Monnoyes, & Graveur en chef de ses Poinçons. Ses Monnoyes sont recherchées comme des Médailles par les Curieux; il mourut en 1672. âgé de 68. ans. *Guy Patin*, Professeur en Médecine au College Royal, dont on a 7. volumes de Lettres , mort en 1672. *Claude Ballin* , le plus excellent Orfévre que la France ait eu , mort en 1678. *Jacques Bailly*, excellent Peintre Fleuriſte & Graveur , mort en 1679. âgé de cinquante ans , étoit de l'Académie, & logé aux Galleries: On doit remarquer un Tableau de marbre , attaché à un pillier rond , vis-à-vis la Chapelle des Fonts , ſur lequel le fameux *le Brun* a peint d'une excellente maniere une femme mourante ; elle s'appelloit *Henriette Selincart* , morte en 1680. âgée de 36. ans , & étoit femme d'*Iſraël Sylveſtre* , Deſſinateur du Roi & de M. le Dauphin , mort en 1691. âgé de 71. ans. *Claude Mellan* , excellent Graveur , & dont la maniere étoit originale & inimitable , mort en 1688. âgé de 87. ans. *Martin Vanden Bogaert* , dit *Desjardins* , très-fameux Sculpteur , qui a fait le Groupe de la Place des Victoires , & beaucoup d'excellens ouvrages , mort en 1694. *Claudine Bouzonnet Stella* , fille de *Jacques*, laquelle a peint & gravé des choſes excellentes , entr'autres ſes Paſtorales & ſes Jeux d'enfans , morte en 1697. *François*

d'Orbay, excellent Architecte, mort en 1698. *Guillaume Sanson*, Géographe du Roi, mort en 1703. & fils de *Nicolas Sanson*. *Denis Dodart*, Conseiller-Médecin du Roi, un des plus sages & des plus sçavans hommes de son siécle dans la Botanique, & sur-tout dans la connoissance du corps humain. Sa piété & sa religion surpassoient toutes ses autres qualités : c'étoit le pere des Pauvres, il les traitoit & les nourrissoit. Il étoit de l'Académie des Sciences, & mourut en 1707. âgé de 73. ans. *Noël Coypel*, Peintre habile, Directeur des Académies de Rome & de Paris, mort en 1707. âgé de 79. ans. *René-Antoine Houasse*, Peintre estimé, & Directeur de l'Académie de Rome, mort en 1710. âgé de 65. ans. *Louis Berrain*, Dessinateur pour les Carrousels, Pompes funébres, Fêtes galantes, &c. mort en 1711. *Jean-Baptiste de Santerre*, Peintre habile, mort en 1719. *Anne le Febvre*, épouse d'*André Dacier*, & si célébre dans la République des Lettres par sa parfaite intelligence dans la Langue Grecque, & ses belles Traductions, morte en 1720. *Antoine Coizevox*, un des plus grands Sculpteurs du Régne de
Louis.

Louis le Grand, mort en 1720. âgé de
de 81. ans. *André Dacier* de l'Académie Françoise, époux de la susdite *Anne
le Febvre*, connu par beaucoup d'Ouvrages, mort en 1722. *Antoine Coypel*,
Premier Peintre du Roi, mort en 1722.
âgé de 61. ans.

Eglise des P. P. de l'Oratoire, ruë S. Honoré.

LE Cardinal de Bérulle a institué
cette Congrégation en 1611. sous
le titre de *l'Oratoire de Notre-Seigneur*
JESUS-CHRIST *de France*, pour la
distinguer de l'Oratoire de Rome, in-
stituée par S. Philippe de Neri. La Maison qu'ils occupent ruë S. Honoré, étoit
autrefois l'Hôtel du Bouchage. *Clement
Metezeau*, mauvais Architecte, en
avoit commencé l'Eglise ; mais le mauvais goût de ces commencemens firent
appeller *Jacques le Mercier*, pour cor-
riger cet Edifice & le continuer. Le
plan est une Croix latine, dont les deux
parties de la croisée n'ont de renfoncement qu'à la hauteur des Tribunes qui
regnent sur toutes les Chapelles. Cette
Eglise a été long-tems imparfaite comme

une beaucoup d'autres : ce n'a été qu'en
1747. qu'elle a été entierement finie
par les soins du P. Sauge de l'Oratoire,
qui y a contribué en partie de son bien.
On a elevé sur la rue un Portail d'une
très-belle exécution. L'Architecture
est composée de deux Ordres l'un sur
l'autre, le Dorique & le Corinthien,
terminés par un fronton. Il a été elevé
sur les desseins du Sieur *Caquet* Architecte. Il est orné de bas-reliefs & de
deux Groupes de figures. Les bas-reliefs sont du Sieur *Adam*, & les Groupes de *Francin* & d'*Adam*. La partie
du chevet où est placé le Chœur de ces
Peres, est une espece de Rotonde,
dont le plan n'est point circulaire, mais
élyptique. La difficulté de son exécution qui est parfaite, est regardée comme un chef-d'œuvre de l'Art. Le Maître-Autel étoit placé anciennement
dans cette partie, avant que l'Eglise eut
été aggrandie par son achevement. Il
a été depuis mis hors de cette enceinte,
& placé sous un Baldaquin doré & soutenu par quatre colonnes de Rance,
dont les Bases & les Chapiteaux Corinthiens sont dorés. Les deux Anges placés en attitude d'adoration, sont de

II. Partie.   C

marbre blanc, & du Sieur *Pollet* Sculpteur, aussi-bien que la figure du Christ
placé dans le haut. Dans la Chapelle à
main gauche du Maître-Autel, on doit
voir le Tombeau du *Cardinal de Bérulle* leur Fondateur ; sa figure est de
marbre blanc, à genoux & en priéres,
un Ange lui tient un Livre ouvert. Le
Mausolée est de marbre noir, sur lequel est gravée son Epitaphe, qui est
d'un latin excellent, & qui mérite d'être
lûe, étant un abrégé de la Vie de cet
illustre Cardinal. Ce magnifique Monument est de *François Anguier* trés-
habile Sculpteur. Dans une Chapelle
ou Oratoire, qui a vûe sur le Chœur
de ces Peres, est un petit Tombeau de
marbre blanc, encastré dans le mur,
où l'on voit une femme affligée & assise,
tenant un papier roulé à la main de
marbre blanc, ainsi que la figure, sur
lequel est gravé une fondation singuliere de Priéres faites par le Sieur *Bar-
boteau*, Collecteur général de la Tré-
sorerie de la Maison du Roi en 1666.
Dans la Chapelle on lit l'Epitaphe
d'*Antoine d'Aubray*, Lieutenant Civil,
& frere de la Marquise *de Brinvilliers*,
si fameuse par ses crimes & par son sup-

plice. Son frere qui eſt ici inhumé, fut
une des victimes qu'elle immola à ſon
avarice & à ſa cruauté en 1671. Sur le
pavé de l'Egliſe, & ſur une Tombe
platte, on lit l'Epitapne de *Charles de
Mey*, Marquis de *Riboyne* & de *Borc*,
Lieutenant général des Armées du Roi.
A côté, eſt celle du Comte de *Nocé*,
ſous-Gouverneur du feu Duc d'Orleans, mort en 1704.

L'Egliſe de S. Honoré.

CETTE Egliſe eſt ſi voiſine de celle
dont on vient de parler, que l'on
ne doit pas ſe diſpenſer de la voir, quelque médiocre qu'elle ſoit. Le Maître-
Autel eſt orné d'une Architecture Co-
rinthienne. Le Tableau où Jeſus-Chriſt
eſt repréſenté dans le Temple au milieu
des Docteurs, eſt de *Champagne*, Peintre eſtimé. Mais ce qui mérite le plus
dans cette Egliſe d'attirer les yeux des
Etrangers, c'eſt le Tombeau du *Cardinal du Bois*, homme d'aſſez baſſe
naiſſance, & qui fut Précepteur de Philippe Duc d'Orleans, Régent en 1715.
Il fut enſuite Secretaire d'Etat, Ar-

chevéque de Cambrai , Cardinal &
Principal Miniſtre. Il mourut en 1723.
Sa ſtatue eſt de marbre blanc , & ſa
reſſemblance y eſt parfaite. Il faut lire
ſon Epitaphe. Tout l'ouvrage eſt de
bon goût , & de *Couſtou* le jeune.

Egliſe Paroiſſiale de S. Roch.

CETTE Egliſe eſt la mieux éclairée , & la plus agréable de Paris.
Elle a été commencée ſous Anne d'Autriche & Louis XIV. en 1653. ſur les
deſſeins de *Jacques le Mercier* célebre
Architecte ; elle eſt reſtée imparfaite
très-long-temps, & n'a été achevée que
ſous Louis XV. M. *de Cotte* le pere, fit
le deſſein du Portail , & en laiſſa en
mourant , l'exécution à ſon fils , qui
ſuccéda à ſa Charge d'Intendant général des Bâtimens du Roi, Il s'en eſt
acquitté ſi habilement, que l'on regarde
ce Portail comme le meilleur de nos
Modernes. La compoſition de ſon Architecture eſt très-élégante & d'un bon
goût. Les deux Ordres Dorique & Corinthien y ſont bien traités , & l'exécution du tout enſemble ne laiſſe rien à

désirer. Les deux Groupes de figures qui représentent les quatre Evangelistes, & les autres figures d'Anges, sont de *Claude Françin*, Sculpteur de l'Académie; tous les Ornemens du Portail sont de *Louis de Monteau*; il s'en faut de beaucoup que l'Architecture de l'intérieur de cette Eglise soit aussi-bien exécutée. Il y a deux Chapelles bâties à son chevet sur des plans circulaires; celle de la Vierge, & du S. Sacrement. La premiere beaucoup plus considerable, fut faite en 1709. quoiqu'elle soit d'une grande apparence, le dessein de son intérieur ne plaît point aux Connoisseurs. Les proportions des parties de l'Architecture en sont toutes vicieuses, aussi-bien que celles de l'intérieur du comble, de la coupe des vitraux, &c. On voit dans son attique les Tableaux des quatre Evangelistes; saint Matthieu par *Sylvestre*, saint Marc par *Verdot*, saint Luc & saint Jean par *des Ormeaux*. Les deux statues de marbre à côté de l'Autel, Jesus-Christ & saint Roch sont de *François Anguier* très-habile Sculpteur. Plusieurs hommes célebres y sont enterrés avec Monumens & Epitaphes, & même sans Epitaphes. On voit dans la Chapelle de saint André le Tombeau du fameux *André le Nautre*. Son Buste est de *Coizevox*, & le Tableau de l'Autel de *Jouvenet*. Ce sont deux excellens Ouvrages. Celui de *Nicolas Ménager* est adossé à un des pilliers de la Nef. Cet homme célebre étoit né à Rouen, & fut Ambassadeur Extraordinaire & Plénipotentiaire de Sa Majesté à la Paix d'Utrecht. L'ouvrage de son Tombeau est de *Maziere*. Celui du Comte de *Rangoni* d'une illustre Maison d'Italie, est aussi adossé à un pillier près la Chapelle de la Vierge, & sculpté par *Charpentier*. Les deux freres *Anguier* excellens Sculpteurs, sont enterrés dans la Nef; il faut lire leur Epitaphe qui est d'une grande beauté par sa rare naïveté. Les Illustres qui suivent, n'ont point d'Epitaphe; le *grand Corneille*, Madame *des Houlieres*, P. *Mignard*, premier Peintre du Roi, l'Abbé *Regnier des Marais*, célebre par ses Poësies en quatre Langues, & le Poëte *Lainez*.

Eglise des Jacobins Réformés.

CEs Religieux de S. Dominique ont été réformés par le P. *Sebastien Michaelis* en 1612. Le Cardinal *Pierre de Gondi* a été le principal Fondateur de cette Maison. Le Maître-Autel de l'Eglise représente l'Annonciation. Il est de *François Porbus*, ainsi que celui de saint François, qui est dans une des Chapelles. Celle de saint Hyacinthe a été bâtie par les bienfaits de *Marie de Medicis* & de *Anne d'Autriche*. Le Tableau qui représente ce Saint, est de *Colombel* assez bon Peintre François. De l'autre côté du Maître-Autel à main gauche, est la magnifique Chapelle du Maréchal de *Crequi*. L'Autel est décoré de deux colonnes Ioniques de marbre, dont les Bases & les Chapiteaux sont de bronze doré. Le Tableau de l'Autel est une très-belle copie, par *Houassé*, de la descente de Croix de *le Brun*. C'est ce grand Peintre qui a donné le dessein du Tombeau de ce Maréchal, & qui a été exécuté par *Coyzevox*. Il est composé de plufieurs figures & d'une grande beauté. L'Epitaphe du Maréchal de *Crequi* & de Dame *Catherine de Rouyé* fon époufe, eft en vers latins de la façon de *Santeuil*, c'eft-à-dire, admirables. Voici les principales perfonnes remarquables inhumées en cette Eglife. Dans le milieu de la Nef contre un pilier, entre deux Chapelles à gauche, eft le magnifique Maufolée de Madame la Comteffe de *Feuquieres*, morte en 1742. âgée de 90. ans. Elle étoit fille du fameux *Mignard*, premier Peintre du Roi, mort en 1695. âgé de 85. ans. Sa rare beauté lui fit époufer le Comte de Feuquieres. Elle y eft repréfentée à genoux fort reffemblante, accompagnée de génies, qui tiennent divers fymboles de fes vertus. On voit au-deffus d'elle contre le mur, le Bufte de fon pere, fait par le célebre *Girardon*, & qui eft d'une grande beauté; une Pyramide en bas-relief de maibre, eft terminée par la figure du temps de couleur de bronze. Ce beau Monument eft de la compofition & de l'exécution du Sieur *le Moine*, Sculpteur célebre; on admire fur-tout la draperie de Madame de Feuquieres, qui eft traitée d'une

maniere heureuse & singuliere. La po-
sition oblique du Piedestal & de la Pyramide, quoique autorisée par l'extra-
vagance de la mode, n'a eu l'approba-
tion d'aucune personne sensée. *Thomas*
Campanilla, Italien & Religieux de
cet Ordre, aussi célebre par sa science
& la beauté de son génie, que par ses
imprudences, dont il porta plusieurs
fois la peine par de longues prisons à
Naples & à Rome. Ses Ouvrages trop
hardis, le firent accuser d'hérésie &
d'une politique dangereuse. Le Cardinal de Richelieu le reçut en France, &
lui donna une pension. Il fut consulté
à la Cour comme sçavant dans l'Astro-
logie, & fit l'horoscope du premier
Dauphin né en 1638. année où mourut *Campanilla*, âgé de 71. ans. *An-*
dré Felibien, de l'Académie Françoise, gît aussi dans cette Eglise. Il a écrit
un très-bon Ouvrage sur la Vie des
Peintres & des Architectes. Il mourut
en 1695. âgé de 77. ans.

Eglise des Capucines, Place de Vendôme.

ON estime la Façade de cette Eglise ; les Sculptures sont de *Vassé*. Pour le dedans, quoique toute jolie, elle n'a de remarquable que deux Tombeaux dont nous parlerons.

Louise de Lorraine, veuve de Henri III. laissa après sa mort la somme de 10000. écus pour établir ces Religieuses, qui ne furent transferées où elles sont à présent, qu'en 1688.

Le Tableau du grand-Autel, est un des meilleurs ouvrages de *Jouvenet* : il représente une Descente de Croix.

La Chapelle à main droite, est de la famille de Louvois, & une des mieux décorées qu'on voye à Paris. On y remarque le Tombeau, en marbre blanc, de *François-Michel le Tellier*, Marquis de Louvois, Ministre & Secretaire d'Etat. Il est représenté par *Girardon*, en habit d'Officier de l'Ordre du Saint-Esprit, sur un grand Sarcophage de marbre verd d'Egypte antique. La Marquise de Louvois son épouse, est en pleurs à ses pieds. Le grand Socle est soutenu par deux Vertus en bronze, de grandeur naturelle. La Prudence, figurée par une Minerve, est aussi de *Girardon*; La Vigilance est de *Desjardins*. La figure de Madame de Louvois avoit été modelée par *Desjardins*, mais elle a été achevée par *Vancleve*.

Le Bas relief de bronze doré, qui est sur l'Autel, représente Notre-Seigneur porté dans le Tombeau. La seule dorure a couté cinq cent écus. Le Tableau est d'*Antoine Coypel*.

Vis-à-vis cette Chapelle, est celle de la Maison de Crequy : celle-ci n'est pas moins belle que la premiere. Le Duc de ce nom, Pair de France, y est inhumé. Il est en marbre blanc, sur un Tombeau : l'Espérance lui soutient la tête ; deux Vertus, aussi de marbre, sont aux deux côtés du soubassement. Beaucoup d'ornemens de bronze doré, achevent la décoration de ce beau Monument, qui a été conduit par *Mazeline & Hurtelle*.

Eglise des Petits-Peres de la Place des Victoires.

CETTE Eglise commencée en 1656. par *Pierre le Muet*, continuée par *Liberal Briant* & *Gabriel le Duc*, a été enfin achevée par *Sylvain Cartaud*. Le Portail mérite attention ; il est composé des Ordres Ionique & Corinthien.

Les trois Tableaux du Chœur sont de *Carle Vanloo*. L'on voit dans une Chapelle de cette Eglise le Tombeau de Michel Lambert & de Jean-Baptiste Lully son gendre, les deux plus grands Musiciens de la France, sculpté par *Cotton*. Le Tableau de l'Autel est de *Bon Boullongne*. Le Tombeau du Marquis de l'Hôpital & de Madame son épouse, est aussi dans une au re Chapelle ; il a été sculpté par *Jean-Baptiste Poultier*. La Chapelle de Notre-Dame de Savonne renferme aussi une Statuë de la sainte Vierge, faite à Génes, laquelle mérite atttention.

Le nom des *Petits-Peres* que portent les Religieux de cette Communauté

vient, suivant quelques Ecrivains, de
ce que Henri IV. appella ainsi deux
de leur Ordre qu'il apperçut dans son
Anti-chambre.

Le Réfectoire & leur Apoticairerie
méritent d'être vûs ; il y a plusieurs
beaux Tableaux des meilleurs Peintres.

L'Eglise de S. Sauveur.

CETTE Eglise a été bâtie sur la fin
du quinzième siécle, & par con-
féquent dans le plus mauvais goût gothique. La voûte en a été refaite en
1713. La Chapelle de la Vierge est la
plus remarquable & digne de la curiosité des meilleurs Connoisseurs, par les
beautés de la Peinture unie à la Sculpture. L'Autel est d'Ordre Composite,
& le Tableau représente l'Assomption
de la Vierge ; son expression est belle,
& dans l'idée de la joye d'un saint ravissement. Elle est environnée d'Anges qui la supportent ou l'accompagnent, & leurs différentes attitudes ex-
priment la différence de leurs hommages, d'admiration & de respect. Dans
les pendentifs ou espaces triangulaires
des naissances des voûtes & au couron-

nement de l'Autel, on en voit plufieurs Groupes, dont les uns font peints, & les autres en Sculpture peinte auffi dans le même ton ; afin de les rendre plus vrais, ils portent des attributs de la Mere de Dieu, l'Arche d'alliance, la Tour de David, &c. & font placés au-deffous de la corniche circulaire, qui eft la forme du plan de cette Chapelle, & termine fon entablement. Au-deffus de cette corniche d'environ vingt pieds de hauteur, font les croifées, de la Chapelle, en trop petite quantité pour l'éclairer fuffifamment. Dans leurs intervalles, le Peintre y a feint des percés d'Architecture. Enfin audeffus eft ce platfond, dont la Peinture eft fi admirable, & fort fupérieure en beauté à toutes celles de la Chapelle. Le Peintre y a repréfenté les Cieux ouverts pour recevoir la fainte Vierge. Le Pere Eternel & fon Verbe affis à fa droite, une foule d'Anges, de Patriarches & de Saints du Nouveau Teftament, s'y font remarquer dans la plus belle ordonnance & la plus fçavante en ce genre ; la courbure de la voûte de ce platfond n'a que fept pouces, & le renfoncement en paroît d'une hauteur fi prodigieufe, que la vûe a peine à l'atteindre. Cet ouvrage passe pour un chef-d'œuvre en platfond ; & le plus sçavant qui soit en cette Ville. Toutes ces Peintures sont de *Noël-Nicolas Coypel*, Peintre très-habile. Il en forma le projet en Artiste désinteressé, & qui ne cherche que la gloire. Il y trouva la cause de sa mort par les chagrins que lui donnerent les procédés des Marguilliers de cette Eglise, qui non contens de son travail de trois années qu'il leur donna *gratis*, lui disputerent encore le remboursement de ses déboursés ausquels ils s'étoient engagés , & qu'il ne pût toucher à beaucoup près en entier. On voit auprès de cette Chapelle, celle de la Transfiguration du Sauveur, dont le mystere est représenté en Sculpture d'après le beau Tableau de *Raphaël* sur le même sujet. La Chapelle est sur un plan sphérique , & beaucoup mieux éclairée que celle de la Vierge. Il faut encore remarquer le Maître-Autel fait en Baldaquin & de très-bon goût ; toute la Sculpture est d'une bonne main , & l'Architecture bien composée. Voici quelques personnes remarquables qui sont enterrées dans cette Eglise. *Guillaume Col-*

letet Avocat, de l'Académie Françoise, & Poëte François, célebre dans son temps, est mort en 1659. âgé de 61. ans. *Raimond Poisson* excellent Comédien, fut l'inventeur du Rôle de Crispin, & mourut en 1690. Il avoit beaucoup d'esprit, & a composé plusieurs Piéces de Théatre. *Paul Poisson* son fils, suivit la même Profession que son pere, & avec autant de succès. Il quitta le Théatre en 1724. & mourut quelques années après.

Jacques Vergier, un de nos meilleurs Poëtes né à Lyon en 1657. & mort en 1720. âgé de 63. ans, d'une façon tragique & funeste, ayant été assassiné dans la rue du Bout-du-Monde. Il excelloit dans les Parodies des plus beaux Airs de Lully, & a été un des plus aimables convives, & du caractere le plus charmant dans la société. Il fut aimé à la Cour & à la Ville. M. de Seignelai lui donna une Charge de Commissaire de Marine dont il s'acquitta avec distinction, ainsi que de celle de Commissaire-Ordonnateur. Il fut ensuite Président du Conseil de Commerce à Dunkerque. Outre ses Chansons excellentes, il a fait beaucoup de

Contes

Contes fort libres à l'imitation de ceux
de la Fontaine , mais plus grossiers ,
& qui n'ont point égalé la finesse & la
naïveté inimitable de ce dernier.

Sauval dans ses Antiquités de Paris , assure que *Turlupin, Gautier Gar-
guille , Gros-Guillaume, & Guillot Gor-
ju* , tous excellens Acteurs Comiques ,
ont été enterrés en cette Eglise.

L'Eglise Paroissiale de S. Eustache.

CETTE Eglise a été élevée sur la
Chapelle soûteraine de Ste Agnès,
bâtie sur la fin du douzième siécle. Elle
fut commencée en 1532. & n'a été achevée qu'en 1642. par les bienfaits du
Chancelier Seguier & de Claude de
Bullion Surintendant des Finances.
L'Architecture en est du plus mauvais
goût , & les dedans les plus mal distribués pour la commodité du Public. Il
faut voir en entrant les deux Chapelles à droite & à gauche. Celle des Fonts
est peinte par *Pierre Mignard* excellent Peintre. On voit dans le Plat-
fond le Pere Eternel dans une Gloire ,
& sur les deux murs la Circoncision de

Jesus-Christ & son Batême. L'autre est celle des Mariages. Dans le plat-fond est le Pere Eternel avec les quatre Evangélistes, benissant les Mariages d'Adam & d'Eve, de Marie & de Joseph, lesquels sont peints sur les murs des côtés. Cette Chapelle est peinte par *la Fosse*, & fort estimée. Sur le second pillier du milieu dans la Nef, est attaché un grand Médaillon de marbre sur lequel est représenté *Marin Cureau de la Chambre*, Médecin du Roi & de l'Académie Françoise. Cet excellent morceau de Sculpture est du dessein du fameux *Cavalier Bernin*, exécuté par *Tuby*. Le Tableau au-dessus de la Chaire est de *le Brun*, donné par J. B. Colbert. Le Crucifix de bronze sur la porte de la Grille du Chœur, est d'*Etienne de la Porte*, c'est la plus grande figure qui soit en Crucifix. Il est d'ailleurs beau & très-estimé. Le Maître-Autel est décoré de quatre Colonnes Corinthiennes & de six Statuës de marbre du *fameux Jacques Sarrazin*. Trois de ces Statuës sont des Portraits. Celle de S. Louis représente Louis XIII. la sainte Vierge, Anne d'Autriche, & l'Enfant Jesus, Louis

XIV. alors enfant. Celles d'en-haut
font de faint Euftache & de fainte
Agnés. Les Tableaux font de *Simon
Voüet*. Derriere le Maître-Autel eft la
Chapelle de la Vierge qui eft fort grande. Sous un grand arc dans le côté
gauche à l'entrée de cette Chapelle,
eft le Maufolée de *J. B. Colbert*, Controlleur général des Finances, Surintendant des Bâtimens, Sècretaire & Miniftre d'Etat, mort en 1683. âgé de 64.
ans. C'eft un des plus grands Miniftres
que jamais la France ait eu, & qui a
le plus contribué à fa fplendeur & à fa
fupériorité fur tous les autres Etats de
l'Europe, en portant le Commerce &
la Marine à un dégré dont elle avoit été
jufqu'à lui très-éloignée. Son Epitaphe
fe lit avec peine derriere fon Tombeau
dans la Chapelle, près du payé de l'E-
glife, & mérite l'attention des Curieux. Ce Monument eft un des plus
beaux qui foit à Paris, & du deffein
de *le Brun*, exécuté par *Tubi* & *Coi-
fevox*. Ce Miniftre y eft repréfenté à
genoux fur un Tombeau de marbre
noir; un Ange tient devant lui un Livre de priéres ouvert. Sa figure eft de
marbre, & celle de l'Abondance qui

est auprès , est de *Coisevox*. Celle de sa
Religion & de l'Ange , est de *Tubi*.
On lit en plusieurs endroits des passa-
ges de l'Ecriture d'un choix excellent ,
aussi-bien que les Emblêmes sacrés qui
désignent ses emplois. Ils sont de M.
l'Abbé *Gallois* de l'Académie Françoise , qui lui avoit été extrèmement
attaché. *J. B. Colbert* , Marquis de Seignelai son fils aîné , & Secretaire d'Etat ,
mort en 1690. est inhumé dans le mé-
me Tombeau.

Voici les autres personnes illustres
inhumées dans cette Eglise : *René Benoît* , Docteur de Sorbonne & Curé de
cette Paroisse , fameux par l'estime
des Rois Henri III. & Henri IV. &
par le grand nombre d'Ouvrages qu'il
publia contre les Protestans. Il fut ensuite chassé de la Sorbonne pour avoir
fait imprimer une Bible infidéle. Il
avoit été Confesseur de la Reine Marie
Stuart Reine de France , qu'il suivit en
Ecosse. Il revint , & sous Henri IV. il
fut choisi pour instruire ce Prince dans
la Religion Catholique , qui le nomma
à l'Evêché de Troyes , pour lequel le
Pape lui refusa ses Bulles. Il mourut
en 1608. *Etienne Tonnelier* qui succé-

da à sa Cure, lui fit l'Epitaphe qu'on lit sur sa Tombe. *Bernard de Girard*, dit *du Haillant*, excellent Historiographe de France, Secretaire des Finances, & premier Généalogiste de l'Ordre du S. Esprit, mort en 1610. *Marie Jars de Gournai* fut sçavante, & en commerce avec tous les Sçavans de son siécle. Le Public lui est redevable de l'impression des Essais de Montagne. Elle mourut en l'année 1645. âgée de 80. ans. *Vincent Voiture* si célebre par son esprit & les agrémens de ses Ouvrages, de l'Académie Françoise, Maître d'Hôtel chez le Roi, & Introducteur des Ambassadeurs chez le Duc d'Orleans, mourut en 1648. âgé de plus de 50. ans. *Claude Faure de Vaugelas* de l'Académie Françoise, excellent Ecrivain, mort en 1650. âgé de 65. ans. *François de la Motthe le Vayer* de l'Académie Françoise, Conseiller d'Etat, Précepteur de Philippe de France, Duc d'Orleans, a fait plusieurs bons Ouvrages. Il mourut en 1672. âgé de 84. ans. *Amable de Bourzeis*, Abbé de S. Martin, de l'Académie Françoise, mort en 1672. *Antoine Furetiere*, Abbé de Chalivoi, de l'Académie

Françoise, & célebre par ses disputes avec elle au sujet de l'excellent Dictionnaire qu'il avoit composé & donné au Public, mort en 1688. âgé de 68. ans. *François d'Aubusson de la Feuillade*, Pair & Maréchal de France, qui a fait élever à Louis XIV. le Monument de la Place des Victoires, mort en 1690. *Isaac de Benserade*, qui a fait si long-tems les agrémens de la Cour de Louis XIV. par l'esprit qu'il mettoit dans toutes les Fêtes & les Ballets qui s'y donnoient, de l'Académie Françoise, mourut à 62. ans de l'artere piquée dans une saignée. *Anne-Hilarion de Cotantin de Tourville*, Vice-Amiral & Maréchal de France, a été un des plus sçavans hommes de mer que la France ait eu. Il est mort en 1701. âgé de 59. ans.

Guillaume Humbert, Gentilhomme Saxon, & né à Batavia, étudia le Droit, fut Avocat à Magdebourg, Botaniste, Anatomiste, grand Physicien, & enfin excellent Chimiste & Médecin. Le grand Colbert le fixa à Paris, où il fit abjuration de la Religion Protestante. Le Duc d'Orleans, depuis Régent du Royaume, travailla beaucoup avec lui à la Chimie & à des expériences physiques, & le fit son premier Médecin : ç'a été le plus habile Chimiste de l'Europe. Il mourut en 1715. âgé de 63. ans. *Charles de la Fosse*, Peintre d'une grande réputation, étant attaqué d'une paralysie sur le bras droit, força par l'exercice sa main gauche à la Peinture, & a fait jusqu'à la fin de sa vie, des Tableaux excellens de cette main. Il est mort en 1716. âgé de 80. ans.

L'*Abbé Genest*, Aumônier de Madame d'Orleans & Secretaire des Commandemens de M. le Duc du Maine, étoit Poëte fort au-dessus des médiocres. Nous avons de lui des Piéces de Théatre. Il étoit de l'Académie Françoise, & mourut en 1719. âgé de 80. ans.

Dans la Chapelle de sainte Marguerite au côté droit du Chœur, on voit deux Epitaphes ornées de marbre & de bronze doré ; l'une est à la mémoire d'*Hilaire Rouillé du Coudray*, Ambassadeur à Rome, à Génes, en Suéde, & Intendant des Finances malgré lui, par l'ordre du Duc d'Orleans Régent du Royaume ; il a été d'une intégrité & d'une probité la plus exacte, & dont il y a peu d'exemples, ferme, laborieux & religieux. Il est mort, âgé de 78. ans en 1729. & a laissé une fortune fort au-dessous de celle qu'il avoit eu de ses peres. Son frere *Pierre Rouillé* gît auprès de lui ; il avoit été Président au Grand-Conseil & Ambassadeur Extraordinaire en Portugal. L'autre Epitaphe est du *Marquis de Vins*, Lieutenant général des Armées du Roi, qui s'est signalé dans un grand nombre de Siéges & de Combats. Il étoit sans faste, d'une grande probité, ami sûr & bienfaisant, & surtout bon Chrétien. Il mourut en 1732. âgé de 90. ans ; son fils unique *Simon Cesar de Vins* repose avec lui, & le dernier de son nom. Il fut tué au Combat de Stinkerque.

Dans la Chapelle de saint Jean-Baptiste & près de celle de Ste Marguerite, sont inhumés *Joseph-Jean-Baptiste Fleuriau d'Armenonville*, Intendant des Finances, Ministre & Secrétaire d'Etat, Garde des Sceaux, Commandeur des Ordres de Sa Majesté, mort en 1728. âgé de 68. ans. Son fils *Charles-Jean-Baptiste de Morville*, Ambassadeur

fadeur en Hollande, Plénipotentiaire
au Congrès de Cambray, Miniſtre d'E-
tat, Chevalier de la Toiſon d'or, &
diſgracié en 1727. Il mourut en 1732.
âgé de 47. ans.

La Paroiſſe de ſaint Euſtache a pour
Aide la Chapelle de ſaint Joſeph dans
la ruë Montmartre, qui n'a rien de remarquable ; ſon Cimetiere eſt celui de
la Paroiſſe, & c'eſt où ſont enterrés les
corps des deux plus beaux génies que
la France ait eu, *Moliere & la Fontai-*
ne. Le premier mourut en 1673. âgé
de 53. ans ; l'on eut beaucoup de peine
d'obtenir de l'Archevêque de Paris la
permiſſion de ſon inhumation en terre
ſainte ; l'on ne l'obtint qu'aux condi-
tions, qu'il ne ſeroit accompagné que
de deux Prêtres & ſans aucun chant. Il
ſe nommoit *J. B. Poquelin,* dit Moliere. Son intime ami *Jean de la Fon-*
taine fut enterré au même lieu, 22. ans
après. Ils étoient de même âge à une
année près. *Moliere* étoit né en 1620.
& *la Fontaine* en 1621. Il eſt mort en
1695.

Eglise Paroissiale de S. Gervais.

LE Portail de cette Eglise est, sans contestation, un des plus beaux morceaux d'Architecture de l'Europe : c'est dommage qu'il ne soit pas bien en vûë. Il est composé de trois Ordres l'un sur l'autre ; le Dorique, le Ionique & le Corinthien : ils forment tous ensemble un Frontispice de 26. toises de hauteur. On le commença en 1609. sur les desseins de *Jacques de Brosse*, très-habile Architecte ; le même qui a donné ceux du Palais de Luxembourg.

L'Eglise est une des plus anciennes, très-grande, mais d'un gout gotique, & fort obscure. S'il y avoit un jour plus favorable, on y pourroit remarquer dans la Nef, les six grands Tableaux qui représentent le martyre de saint Gervais & de saint Protais. Le premier, près du Chœur, est de *Bourdon;* celui qui suit, de *le Sueur* ; le troisiéme est peint par *Gousse* sur les desseins de *le Sueur* ; les trois autres, vis-à-vis, sont par *Champagne.*

On ne doit pas oublier de voir les belles Tapisseries qu'on a tiré de ces Tableaux, & qu'on conserve dans cette Eglise.

Le Crucifix, qui est sur la porte du Chœur, est fait par *Sarazin*. La Vierge, & saint Jean qui l'accompagnent, sont de *Buiret*.

Il y a quelques autres Tableaux de *le Sueur* dans une Chapelle, qui est sous la croisée à main gauche.

Eglise des Jesuites, ruë S. Antoine.

FRERE Martel - Ange avoit d'abord donné pour cette Eglise, de grands Desseins, qu'on n'a pas voulu suivre; on la fit gâter sous la conduite du Pere Derand, Lorrain, aussi Jesuite.

La façade est d'environ 24. toises de hauteur ; on y voit trois Ordres d'Architecture les uns sur les autres, deux Corinthiens, & un Composite; mais le tout est trop chargé d'ornemens, lourds & massifs.

On y lit deux inscriptions, une de Louis XIII. qui fit bâtir cette Eglise,

& l'autre du Cardinal de Richelieu, qui ne fit que les frais de la façade.

D. O. M. Qui totum orbem in Templum Dei armis, animísque destinavit, LUDOVICUS XIII. hoc Templum erexit, ut quem Gallia voluit ut Regem, amavit ut Patrem, hic veneretur ut cœlitem : anno MDCXXVII.

S. Ludovico Regi, Ludovicus Rex Basilicam, Armandus Card. Dux de Richelieu, Basilicæ frontem, p. 1634.

Ce Bâtiment fut commencé en 1627, & ne fut achevé qu'en 1641.

Au-dedans de l'Eglise, on doit remarquer la Chaire du Prédicateur, qui est de fer doré, & travaillé avec autant de délicatesse que si elle étoit de plomb, ou d'autre matiére aussi maniable. C'est un don de Gaston de France, frere de Louis XIII.

Les quatre Tableaux qui sont dans les bras de la croisée, ont été faits par *Simon Vouet* ; leurs bordures sont de marbre noir.

Le grand Autel, qui n'est pas d'une invention, ni d'une exécution trop heureuse, mérite cependant bien la peine d'être vû dans les jours de grandes Fêtes, à cause des richesses dont on le décore.

A côté du grand Autel, à main gauche, est le Cœur de Louis XIII. qui est soutenu par deux Anges d'argent presque de grandeur naturelle.

A main droite, on a placé à peu près dans le même goût, le Cœur de Louis XIV. qui auparavant reposoit dans la Sacristie. Cet ouvrage n'a été fait qu'en 1730. au mois de Février.

Je considere la Chapelle de Bourbon, comme une des belles choses qu'on puisse voir en France. Jean Perault, Président à la Chambre des Comptes, pour éterniser la Gloire de Henri de Bourbon, Prince de Condé, dont il avoit été Intendant, fit élever ce superbe Monument, & on dit qu'il lui couta plus de 200000. livres. Il est orné de quatre figures en bronze, de grandeur naturelle, assises sur des piédestaux de marbre noir. Ce sont quatre Vertus, caractérisées par leurs Symboles, la Justice, la Prudence, la Charité & la Force. Autour des piédestaux, il y a plusieurs Bas-reliefs qui représentent des Triomphes tirés de la Sainte

Ecriture ; pour faire allusion aux principales actions de ce Prince.

A l'ouverture des piédestaux qui renferment la Chapelle, il y a deux Génies, dont l'un tient un Bouclier aux Armes de Bourbon, & l'autre une Table, sur laquelle est gravée cette inscription :

Henrico Borbonio Condeo , primo Regii Sanguinis Principi, cujus cor hic conditum , Joannes Perault in suprema Regionum, Rationum Præses , Principi olim à Secretis Quærens de publicâ , privatâque jactura Parciùs posuit anno **M. D. C. LXIII.**

Toutes ces admirables Figures de bronze, ont été dessinées & modelées par *Sarazin*, & fondues par *Perlan*.

On a mis sur l'Autel, au lieu de Tableau, un Crucifix avec un saint Ignace à genoux sur un fond de marbre noir. Ces figures ont été fondues par *Duval*, aussi-bien que les deux Anges qui sont sur le fronton, qui tiennent le Nom de JESUS.

Au sortir de l'Eglise, on peut aller voir dans la maison, une Salle remplie de fort beaux Tableaux ; entr'autres, on y remarquera un *Ecce Homo*, & une sainte Praxede du *Guide*.

On verra dans une autre Salle, quatre Tableaux d'*André del Sarto*, & un cinquiéme placé au fond de la même Salle, qui est de *Quintin Warin*.

Cette Maison des Peres Jesuites reconnoît pour Fondateur le Cardinal de Bourbon, frere d'Antoine de Bourbon, Roi de Navarre; mais l'Eglise a été bâtie par ordre de Louis XIII. comme nous l'avons dit. Il sera parlé en sa place de la Bibliotheque de cette Maison, ainsi que du Cabinet des Médailles.

Eglise des Minimes, Place Royale.

CEs Religieux n'étant pas satisfaits d'avoir deux Maisons auprès de Paris, l'une à Chaillot, & l'autre à Vincennes, voulurent encore être établis dans Paris, & en vinrent à bout par les libéralités de Marie de Medicis & de Messieurs d'Ormesson & d'Eaubonne. La Reine posa la premiere pierre de leur Eglise en 1611. Elle ne fut continuée qu'en 1679. Son Portail est remarquable ; quoiqu'il soit du dessein du célebre *François Mansart*, il n'est pas exempt de défauts. Le maître Autel de cette Eglise est décoré de Colonnes Corinthiennes d'un marbre noir, & canelées, dont les Bases & les Chapitaux sont de bronze doré. Le Tableau est une belle copie de la Descente de Croix du fameux *Daniel de Volterre* aux Minimes de Rome. Les deux statues dans les côtés, sont de *Gilles Guerin*, & représentent la Vierge & saint François de Paule. On voit dans cette Eglise plusieurs Chapelles remarquables. *Henri de Bourbon Prince de Condé*, est inhumé dans celle de saint François de Paule. Il l'avoit fait orner des Peintures, qui représentent la Vie de ce Saint. Le Tableau de l'Autel est *de Vouet*, Peintre habile, & un de ses meilleurs ouvrages. Dans la Chapelle de saint Michel & de saint Saturnin, est le Corps de ce dernier Saint, donné à ces Religieux par le Sieur d'Emery, Surintendant des Finances. Cette Chapelle a passé ensuite à *Edouard Colbert de Villacerf*, premier Maître d'Hôtel de la Reine Marie-Therèse

d'Autriche, & Surintendant des Bâtimens de Sa Majesté. Il est ici représenté dans un médaillon de bronze doré fait par *Coustou l'aîné*, & d'une si
grande beauté, qu'il est comparable
aux plus belles têtes de l'Antique. Son
Epitaphe est au-dessous. Le Tableau de
l'Autel est une copie du saint Michel
de *Raphaël*, qui est chez le Roi.
Dans cette même Chapelle, est enterré *J. B. Colbert*, frere d'Edouard dont
on vient de parler. Il a été Conseiller
Clerc au Parlement de Paris, Evêque
de Montauban, & ensuite Archevêque
de Toulouse. Il mourut en 1710. *Pier-
re-Gilbert Colbert de Villacerf* gît encore dans la même Chapelle, & mourut en 1723. Il avoit été Capitaine de
Vaisseau en 1692. & fut ensuite premier Maître d'Hôtel de Madame la
Dauphine morte en 1712.

Dans la Chapelle de saint François
de Sales, anciennement au Duc de *la
Vieuville*, qui l'avoit fait orner, l'on
voit quatre Vertus dans les quatre
coins, sculptées par *Gilles Guerin*, &
sur son Tombeau magnifique, deux
figures de marbre blanc, qui représentent le Duc & la Duchesse sa femme.
On y lit leur Epitaphe.

On voit enfuite la Chapelle de No-tre-Dame de Bon-Secours, appellée *la Chapelle d'Engoulême*, qui n'eft pas moins décorée. Le Tabernacle eft d'é-béne, enrichi d'ornemens de bronze doré de bon goût. Il y a deux fuperbes Tombeaux, l'un de *Diane de France*, *Ducheffe d'Engoulême*, & fille naturelle de *Henri II.* morte en 1619. & l'autre de *Charles de Valois*, *Duc d'Engoulê-me*, fils naturel de Charles IX. & mort fous Louis XIV. âgé de 78. ans en 1650. Sa vie eft remplie de faits re-marquables. Il avoit beaucoup d'efprit & de bravoure. Il avoit époufé en pre-mier lieu, Charlote de Montmoren-cy, & en fecondes nôces, Françoife de Nargonne, morte en 1713. & 138. ans après la mort de Charles IX. fon beau-pere. Dans le Caveau de cette Chapelle, font les Cercueils de tous ceux de la Maifon d'Engoulême.

Dans la Chapelle fuivante, il y a des Reliques du *B. Jean de Dieu*, In-ftituteur des Religieux de la Charité. Plufieurs perfonnes de la famille *le Ca-mus*, diftinguée dans la Robe, font enterrés dans cette Chapelle. *Octave de Perigni*, Préfident au Parlement de

Paris, & Précepteur du grand Dauphin, fils unique de Louis XIV. y est enterré. Il mourut en 1670. âgé de 45. ans. Il se fit une grande réputation par l'étendue de son esprit & de ses connoissances, & par la bonté de ses mœurs.

Dans la Chapelle de saint Nicolas, est le Mausolée de *Nicolas le Jay*, premier Président au Parlement de Paris, Chancelier des Ordres du Roi & Garde des Sceaux, mort en 1640. On voit encore dans la même Chapelle deux Bustes de marbre blanc, l'un de *Guillaume Lefrat de Lanerau*, Président au Parlement de Paris & Conseiller d'Etat, mort en 1644. & l'autre de *Charles le Jay*, Président au Parlement, & Maître des Requêtes, mort en 1671. âgé de 58. ans. Ils ont tous les deux des Epitaphes.

La Chapelle suivante de saint Charles Borromée est à Messieurs *Vitri de l'Hôpital*, & leur famille y est inhumée. Le Tableau de l'Autel est un présent du Maréchal de l'Hôpital, qui l'avoit apporté de Rome.

Celle de saint Joseph est la troisiéme du même côté, & n'a de curieux que le Corps de *sainte Laurence* dans une

Châsse de filagrame d'argent.

On voit dans la quatriéme, le Tableau de l'Autel peint par *Sarazin*; tous les ornemens de la Chapelle sont d'après ses desseins.

La cinquiéme est à la famille de *Janin de Castille*, & des plus ornées de l'Eglise. La Vie de S. Pierre y est représentée en plusieurs Tableaux. En face de la porte, est un magnifique Tombeau en marbre noir de deux *Pierre de Castille*, pere & fils. Le pere fut Conseiller au Grand-Conseil, Ambassadeur en Suisse, Conseiller d'Etat; mort en 1629. âgé de 43. ans. Le fils, Conseiller au Parlement de Paris, mourut de douleur de la perte de son pere l'année suivante.

La sixiéme Chapelle est à la famille de *Verthamon*, dont on voit plusieurs Bustes avec Epitaphes, entr'autres celle de *François de Verthamon*, Conseiller au Parlement de Paris, mort en 1625. âgé de 71. ans, & de *Marie de Verforis* sa femme. A côté de la Chapelle de la Vierge, est enterré *Jean de Launoi*, célebre Docteur en Théologie & grand Critique; il a donné beaucoup d'excellens Ouvrages au Public sur

l'Histoire & la Discipline Ecclésiasti-
que, & a défendu avec force les droits
des Rois, l'autorité des Conciles. Il a
purgé la Vie des Saints d'une multitu-
de de fables & de fausses traditions
dont elle étoit deshonorée. Il mourut
en 1678. âgé de 77. ans. Il avoit légué
aux Minimes 200. écus d'or, tous ses
Rituels rares, & la moitié de son excellente Bibliotheque. Malgré ces bienfaits, l'Epitaphe que *Nicolas le Camus*,
Premier Président à la Cour des Aides
& son intime ami, vouloit y faire placer,
a été refusée par ces Religieux. Heureu-
sement *Brice* & *Piganiol* dans leur Description de Paris, nous l'ont conservée.
Abel de Sainte-Marthe, Doyen de la
Cour des Aides, & Garde de la Bibliotheque Royale à Fontainebleau,
mort en 1606. âgé de 81. ans, y est
enterré. L'on conserve plusieurs Reliques célebres dans cette Eglise, & sur-
tout des Ossemens considérables de S.
François de Paule, dont le Corps avoit
été jetté au feu par les Calvinistes à
Tours, avec celui de saint Martin.

On verra dans la Sacristie trois Tableaux de la Vie de saint François de
Paul, de *Noël Coypel*, Peintre habile,

de *Dumont* & de *le Pape*. Il faut aller voir dans deux Galleries au-dessus du Cloître, deux prodiges d'Optique du P. *Niceron*, Minime & sçavant Mathématicien. L'un représente saint Jean l'Evangeliste, & l'autre la Madeleine. Le Réfectoire très-vaste, est orné de Tableaux peints par *Laurent de la Hire*. Les illustres Religieux enterrés dans ce Couvent, sont le P. *Mersenne*, intime ami du fameux *Descartes*; le P. *Plumier*, excellent Botaniste, & célebre dans l'art de tourner. Il a donné d'excellens Ouvrages sur ces deux sciences. Le P. *Niceron* dont on a déja parlé; *le P. Hilarion de Coste*, qui a donné au Public l'Histoire Catholique du seiziéme siécle; celle des Dauphins, & des Dames Illustres; la Vie du Docteur Picart, &c. Il mourut en ce Couvent en 1662. Le P. *François Giri*, fils d'un Académicien François, & Auteur du Livre des Vies des Saints; le P. *J. B. Avrillon*, Prédicateur, lequel a donné aussi plusieurs Ouvrages au Public.

Ils ont eu plusieurs P. P. dans leur Ordre, élevés en dignité; le P. *Gaspard Dinet*, Général & Prédicateur de

Henri IV. & Evêque de Mâcon ; le P.
René Leclerc , Evêque de Glandève ;
le P. *Louis Dony Daltachi* , Evêque de
Riez & d'Autun.

Eglise des Celestins.

IL y a peu d'Etrangers qui se dispen-
sent de voir cette Eglise, à cause des
beaux Monumens qui s'y trouvent, &
dont quelques-uns peuvent aller de pair
avec les plus beaux de Rome. La Chapelle d'Orléans fournit de quoi satisfaire la curiosité des Connoisseurs.

On y remarque d'abord le Tombeau du Duc de Longueville, chargé
de Trophées en marbre blanc, incrusté dans des bordures de marbre noir,
par *Anguier.* Quatre Vertus de marbre blanc, presque de grandeur naturelle, l'accompagnent. Les deux tables
supérieures du piédestal sont enrichies
de deux excellens Bas-reliefs. Les Qua-
dres du piédestal sont couverts de deux
excellens Bas-reliefs, dorés d'or moulu : on y a représenté les actions les
plus remarquables de Henri I, Duc de
Longueville.

On ne sçauroit trop admirer les trois Graces qui soutiennent une Urne, dans laquelle on a conservé les Cœurs de Henri II. & de Catherine de Medicis. Elles sont de marbre, ou plûtôt d'albâtre transparent. *Germain Pilon* y a épuisé toute sa science.

La colonne de marbre blanc qu'on y voit, a été érigée par Charles IX. à la mémoire de François II. Les cœurs de ces deux Rois y reposent. Cette colonne, d'où il sort des flammes, représente celle qui conduisoit les Israëlites dans le désert ; & l'Inscription en est fort belle : *LUMEN RECTIS.* Les trois Génies pleurans, qui accompagnent ce Monument, & qui ont des flambeaux renversés, sont aussi de la derniere beauté ; & l'on ne sçauroit mieux dépeindre le regret & la tristesse. On les croit l'ouvrage d'un nommé *Maire Ponce.*

Il ne faut pas manquer d'observer la colonne torse de marbre blanc : c'est une Piéce excellente. Elle porte une Urne de bronze, dans laquelle on conserve le Cœur du Connétable Anne de Montmorency, qui mourut en 1567. des blessures qu'il reçut à la célebre

lebre Bataille de Saint Denis, donnée contre les Huguenots. On croit cette colonne d'un certain *Barthelemy de la R. P. R.* & les trois Vertus de bronze qui l'accompagnent, font attribuées à *Germain Pilon*.

Le Tombeau de Philippe Chabot, Admiral de France, eft fait par *Jean Coufin*, auffi habile Peintre que Sculpteur; quelques-uns l'attribuent à *Paul Ponce*. L'autre Tombeau, de Henri Chabot Rohan, eft par *Anguier* l'aîné. Ces deux Monumens font ineftimables.

Celui des Ducs de Brifac eft orné d'une colonne de marbre noir, accompagné de deux Génies de marbre blanc.

On eftime fort le Tableau de la Chapelle, où eft le dernier Monument; il repréfente une Defcente de Croix, par *François Salviati* de Florence.

Dans la Chapelle de Trêmes, on voit quelques beaux Monumens, érigés aux Ducs de Gêvres, & à ceux de la famille.

Il n'y a rien davantage à voir dans ce Couvent, que la Bibliothéque de ces Peres, affez bien affortie.

Eglise Paroissiale de S. Nicolas du Chardonnet.

IL y a dans cette Eglise une Chapelle digne de curiosité, c'est celle de *le Brun*. Le Tombeau de la mere de ce fameux Peintre, est un Chef-d'œuvre : elle est représentée au dernier jour de l'Univers, sortant d'un Tombeau au son effreyant de la trompette d'un Ange, avec cette Inscription :

Satiabor cum apparuerit gloria tua.

Cet admirable morceau a été exécuté par un nommé *Colignon*, sur les desseins de *le Brun*.

A l'autre face de la Chapelle, *le Brun* est représenté en Buste de marbre, au bas d'une Pyramide. Cet ouvrage est de *Coisevox*.

Le Tableau de l'Autel est un saint Charles en prieres devant un Crucifix. *Le Brun* y avoit apporté tous ses soins, pour en faire un ouvrage achevé. En un mot, dans cette Chapelle tout est fait, ou, au moins, conduit par ce fa-

meux Peintre, qui a fait tant d'honneur
à la France.

Eglise Paroissiale de S. Etienne du Mont.

DANS cette Eglise, il y a la Chaire
du Prédicateur, qui peut être con-
siderée pour le plus fier morceau de
Menuiserie qu'on voye : outre les Sculptures, & les Bas-reliefs, qui sont d'une
beauté inimitable ; une grande & très-
belle statue de Samson en bois, soutient, ou semble soutenir toute la masse. Les Curieux ne doivent point négliger d'aller exprès voir cette Eglise.
Cet ouvrage a été fait par l'*Estocart* sur
les desseins de *la Hyre*, fameux Peintre
François.

On voit dans la même Eglise, au
petit Autel du saint Sacrement, un
Bas-relief en marbre, qui réprésente
Nôtre-Seigneur en prieres, au Jardin
des Olives. Il est de *Germain Pilon*, &
d'une grande beauté, aussi-bien que le
Christ dans le Tombeau, & les Maries
qui l'accompagnent, du *même Maître*.

Le Crucifix, & les autres figures sur
la porte du Chœur, sont des meilleurs
Ouvrages de *Jean Gougeon*, Sculpteur
François.

Eglise de Sainte Geneviéve.

CE fut Robert le Pieux, qui fit bâtir cette Eglise ; mais pour l'Abbaye, on croit qu'elle fut fondée par
Clovis vers l'an 500. Elle est desservie
à présent par des Chanoines Réguliers
de la Congrégation de France.

L'Eglise est d'une Architecture Gotique, & même grossiere & imparfaite
dans son genre. Il y a pourtant dans
l'intérieur de l'Edifice quelque chose à
remarquer:

La Châsse, où sont toutes les Reliques de sainte Geneviéve, Patrone de
Paris, est de vermeil. Elle est considérable pour le prix qu'on y a employé;
sçavoir 193. marcs d'argent, & huit
marcs d'or. Robert de la Ferté-Milon,
Abbé de cette Maison, la fit faire en
1442. Un corps d'Architecture isolée,
d'ordre Ionique, formé par quatre Co-

fonnes de marbre, porte cette Châffe, & c'eft l'ouvrage de *Jacques le Mercier*, fameux Architecte. On doit faire la différence des deux colonnes de devant, elles font de groffe brêche, qui eft un marbre fort rare.

Le Tabernacle eft quelque chofe de très-beau. C'eft un compofé régulier de quantité de pierres rares, comme Agathe, Lapis, Grenats, Onix, Cornalines, & autres femblables. Les colonnes qui le foutiennent, font de Brocatelle Grecque antique, à préfent d'une grande rareté.

On confidere comme un ouvrage d'une heureufe invention, & d'un travail extrêmement fini, l'Aigle de Bronze, accompagnée de trois petits Génies, qui eft au milieu du Chœur.

On remarque dans cette Eglife trois Tombeaux, celui de Clovis, pour l'antiquité, celui du Cardinal de la Rochefoucault, pour la magnificence; & celui de René Defcartes, fameux Philofophe, pour l'eftime qu'on fait des grands hommes.

On voit quatre Tableaux à l'entrée de l'Eglife; le premier eft de *Largilliere*; le fecond eft de *de Troy*, pere; le troisiéme de *de Troy*, fils ; & le quatriéme de *Tourniere*.

La Sacriftie eft remplie d'ornemens très-riches & de goût, mais l'on n'obtient permiffion de les voir qu'avec difficulté.

Nous parlerons en fa place de la fameufe Bibliotheque, & du Cabinet qu'on conferve dans cette Maifon.

Chapelle des Jéfuites dans leur College, ruë S. Jacques.

CETTE Chapelle n'a rien de remarquable pour la ftructure. Elle eft petite & fort obfcure, mais les ornemens & les vafes facrés en font extrêmement curieux par leur magnificence. Le Soleil où l'on met la fainte Hoftie eft chargé de diamans. Le Pavement du grand-Autel eft d'argent maffif, & d'un beau travail.

Voici les Peres les plus diftingués par leur fcience, qui font morts dans cette Maifon, ou qui l'ont habitée. *Jean Maldonat*, grand Théologien, mort en 1583. âgé de 50. ans ; *Jac-*

ques Sirmond a été un des plus sçavans
hommes qui aient paru en France. Il
est mort en 1651. âgé de 92. ans. *Denis Petau* , Théologien & Historien
très-célebre ; *Philippe Labbe , René
Rapin , Dominique Bouhours , Jean
Commire* , &c. & plus recemment les
Peres *du Cerceau , Porée , Brumoy ,
Bougeant* , &c.

Eglise du College de Sorbonne.

CET Edifice est certainement un
des plus beaux de Paris.

Le Portaïl du côté de la Place, est
orné de deux ordres ; le premier de colonnes Corinthiennes, & le second de
Pilastres composites. Il y a deux niches
dans les entre-colonnes du premier ordre, & deux autres dans les entre-Pi-
lastres du second, ornées de Statues de
marbre, par *Guillain.*

On lit sur le haut de la porte cette
Inscription :

Armandus Cardinalis de Richelieu.

On voit entre la porte & le Quadran,

un petit Tableau , qui marque toutes les différentes Phases de la Lune. C'est le seul que j'ai vû à Paris, exposé aux yeux du Public.

Le Dôme est composé de quatre Campaniles, avec des bandes de plomb doré , & il est terminé par une Lanterne, autour de laquelle regne une Balustrade de fer : il est dans le même goût que celui du Val de Grace.

La porte du côté de la Place , ne s'ouvre que trois fois par an , sçavoir le jour de sainte Ursule , qui est le 21. d'Octobre ; le jour du Service du Cardinal de Richelieu , & à la petite Fête de Dieu. On l'ouvre aussi lorsqu'il y a quelque mort de la Maison de Sorbonne , ou de la Maison de Richelieu.

On entre ordinairement du côté de la cour , par une autre porte, qui est sous un magnifique Portique , avancé de dix pieds , élevé sur quinze dégrés , & formé par dix colonnes Corinthiennes , avec cette Inscription :

Armandus Joannes Card. Dux de Richelieu , Sorbonæ Provisor , ædificavit Domum , & exaltavit Templum Sanctum Domino, M. D. C. XLII.

Le

Le dedans de cette Eglise est orné dans son pourtour de Pilastres Corinthiens : Entre ces pilastres, il y a des niches remplies de Statuës de pierre de Tonnerre, qui représentent des Apôtres, ou des Anges. Ces figures sont faites par *Bertelot*, & par *Guillain*.

Les Peintures du Dôme n'ont rien de remarquable, si ce n'est, les quatre Peres de l'Eglise, entre les Arcs-doubleaux, qui sont peints à Fresque, par *Champagne*.

Le pavé est en compartiment de marbre de diverses couleurs.

Le grand Autel est orné de six colonnes Corinthiennes de marbre de Rance, dont les bases & les chapiteaux sont dorés d'or moulu. On y a mis, au lieu de Tableau, un Crucifix de marbre blanc, sur un fond de marbre noir : c'est le dernier ouvrage que d'*Anguier* ait fait, mais un des plus parfaits qui soit sorti de ses mains. Les deux Statuës, placées entre les deux colonnes, sont la Vierge, par *le Comte*, & saint Jean, par *Cadene*,

Le corps de la Chapelle de la Vierge, est de marbre blanc, & les colonnes de marbre de Rance. Le fond de la niche eſt rempli de lames de bronze doré; & la Statuë de la ſainte Vierge, tenant l'Enfant Jeſus, eſt de marbre blanc, faite par *Desjardins*.

Il reſte à voir, avec attention, au milieu du Chœur, le Tombeau du Cardinal de Richelieu. C'eſt, ſans contredit, un des plus beaux, & un des plus magnifiques Monumens qu'on puiſſe voir, même à Rome : il a été fait par *Girardon*, en marbre blanc, ſur les deſſeins du fameux *le Brun*. Le Cardinal y eſt repréſenté à demi couché, ſoutenu par la Religion, & ayant à ſes pieds, la Science affligée. Deux Anges, ou deux Génies en pleurs, tiennent ſes Armes, ornées du Chapeau de Cardinal, & du Cordon du S. Eſprit.

Ce ſuperbe Monument a été poſé en 1694. on en voit des eſtampes fort belles, par *Simoneau* & par *Picard*.

Nous parlerons ailleurs de la Bibliotheque de cette Maiſon.

Eglise des Chartreux.

DANS l'Eglise des Chartreux, ruë d'Enfer, il y a de grands Tableaux à remarquer, entr'autres, celui qui est sur la porte de la Sacristie, qui représente la Résurrection du Lazare, par *Boullongne* l'aîné.

Celui qui est à l'opposite, est de *Jouvenet*, & il représente N. S. qui guérit des Infirmes.

Les autres sont : la Femme guérie du flux de sang, par *Boullongne* le jeune.

La fille de Jaïre ressuscitée, par *la Fosse*.

Le Miracle des cinq pains, par *Audran*.

La Samaritaine, par *Coypel* le pere.

Les Aveugles de Jerico, par *Coypel* le fils.

La Cananée.
La Piscine. } par *Corneille le jeune.*
Le Lazare.
Le Centenier.

Le Tableau du grand Autel est de

Champagne; il repréſente Notre-Seigneur au milieu des Docteurs.

Dans le petit Cloître, on voit vingt-deux Tableaux à l'huile, par *Euſtache le Sueur* : ils ſont eſtimés les meilleurs de ce grand Peintre, & ſont preſqu'autant de chefs-d'œuvres.

Il y a dans le Chapitre une Madelaine du même, & un Crucifix, de *Champagne*.

Il faut voir les Cellules de ces Peres.

De l'Egliſe des Carmelites, ruë S. Jacques.

CE fut le Cardinal de Berulle, qui introduiſit cet Ordre en France en 1604. Il alla exprès en Eſpagne, d'où il amena ſix Religieuſes de l'Ordre de ſainte Thérèſe, dont deux avoient même été Diſciples de cette Sainte.

On voit bien que cette Egliſe eſt fort ancienne; il y a même des Auteurs, qui prétendent qu'elle a été dans ſon origine un Temple de la Déeſſe Cerès; mais ſa forme n'eſt pas celle des Temples des Divinités payennes. Elle eſt

tine des mieux décorées de Paris au-dedans : d'ailleurs ; le deffein eft ancien,
& fans aucune délicateffe.

Les Tableaux qui font fous chaque
fenêtre, font d'un excellent goût. Le
premier, à main gauche, eft de *Stella*,
& repréfente le Miracle des cinq Pains.

Le fecond, par *le Brun*, eft le Fef-
tin de Simon le Pharifien, où la Madelaine parfume les pieds de Notre-Seigneur.

Le troifiéme, l'Entrée de Notre-
Seigneur dans Jerufalem, par *Laurent
de la Hire*.

Le quatriéme de *Stella*; la Samaritaine au bord d'un Puits.

Le cinquiéme, Notre-Seigneur dans
le Défert, par *le Brun*.

Le dernier de ce côté-là, repréfente
l'Apparition de JESUS-CHRIST aux
trois Femmes, par *de la Hire*.

Les fix autres, de l'autre côté, font
de *Philippe Champagne*.

La Réfurrection du Lazare.

La Purification de la fainte Vierge.

L'Adoration des trois Mages.

L'Affomption de la Vierge.

La Defcente du Saint-Efprit fur les
Apôtres.

La Nativité de Notre-Seigneur.

La clôture, entre la Nef & le Chœur, est fermé par quatre colonnes de marbre verd antique : elles sont très-remarquables.

Le Crucifix de bronze, que l'on voit sur l'ouverture de la porte, est un excellent ouvrage de *Sarazin*.

Le grand Autel est fort exhaussé, & la disposition des dégrés est d'un grand goût, aussi-bien que les colonnes, qui sont de marbre de Dinan, & les Chapitaux, Bases & Modillons, qui sont de bronze doré d'or moulu.

Le Tabernacle est une des choses les plus remarquables qu'on trouve dans cette Eglise : il est tout d'orfévrerie, fort bien travaillé, sur-tout pour les Bas-reliefs du devant ; il a la forme de l'Arche d'alliance. Ce Tabernacle n'est découvert qu'à Pâques, à la Pentecôte, à la grande & petite Fête de Dieu, au 16. Juillet, au 15. Août, au 15. Octobre, à Noël, &c. Il vaut la peine qu'on y aille exprès ces jours-là ; & l'on verra, en même tems, un grand Soleil d'or, orné de pierreries, qui le rendent inestimable. C'est un présent de Madame de la Valliere.

Le Tableau du côté de l'Evangile,
est du *Guide* ; il représente la Saluta-
tion Angelique : on l'estime beaucoup.

Dans une des Chapelles, il y a un
Tableau de la Magdelaine, par *le Brun*:
on ne sçauroit trop l'admirer.

On voit dans la même Chapelle une
excellente Statuë en marbre blanc, par
Sarazin ; elle représente le Cardinal de
Bérulle, à genoux sur un piédestal.

La Peinture de la Voûte de l'Eglise,
est de *Champagne*, & très-digne d'être
observée.

Eglise du Val de Grace.

CET Edifice est, sans contredit,
entre les modernes, un des plus
beaux, & des plus réguliers qu'on admire en Europe. C'est une Abbaye
Royale habitée par des Religieuses de
l'Ordre de saint Benoit. Anne d'Autriche fit élever ce grand Bâtiment, en
action de grace de la naissance de Louis
XIV. après vingt ans d'attente.

La premiere pierre fut posée le premier d'Avril 1645. par le Roi Louis

XIV. âgé alors de sept ans ; le tout
fut achevé en 1669.

Les premiers desseins furent donnés
par *François Mansart*, qui les conduisit jusqu'au rez-de-chaussée : on les
changea dans la suite, & ce fut le *Müet*
qui en devint l'Architecte, & sous lui,
Gabriel le Duc pour la conduite du dedans, & *Duval* pour le dehors.

La Cour, ou Parvis de devant l'E-
glise , est de vingt-cinq toises de largeur, sur 22. de profondeur , séparée
de la ruë par une grille de fer de dix
pieds de haut.

Le Portail est élevé sur seize dégrés,
orné d'un peristile , ou d'un portique
soutenu par huit colonnes Corinthiennes isolées. Il y a les Statuës de saint
Benoît & de sainte Scholastique , en
marbre , par *Anguier*.

On voit un second ordre d'Architecture composite, au-dessus de celui dont
nous venons de parler : après lequel on
a placé au milieu de la façade, les Armes de France & d'Espagne , sur un
Cœur, qui est soutenu par deux Anges.

On a gravé sur la Frise du portique
en lettres d'or en relief :

Jesu Nascenti Virginique Matri.

Le Dôme est couvert de plomb, avec de grandes bandes dorées; il est terminé par un lanternin entouré d'une balustrade de fer doré, & soutient une grosse boule de bronze doré, avec une croix, qui fait le couronnement de l'ouvrage.

Le dedans de l'Eglise est orné d'un ordre Corinthien en pilastre, à cannelures rudentées.

Le Pavé est divisé en grands compartimens de marbre de diverses couleurs, & qui fait simetrie avec la sculpture des Arcs doubleaux de la Voûte.

Le Dôme est de onze toises de diametre, & soutenu par quatre grands Arcs doubleaux. On a placé dans les pendentifs, les quatre Evangelistes. Le grand Autel, qui est de l'invention de *Gabriel le Duc*, est orné de six grandes Colonnes torses, de deux pieds de diametre, d'ordre composite, d'un marbre de Barbançon, noir, veiné de blanc. Ce sont les seules en France de cette forme, & elles ont couté soixante mille livres.

Ces Colonnes sont chargées de Pal-

mes, & de Rinceaux dorés : au-dessus,
il y a un empattement spherique, &
elles soutiennent un Baldaquin formé
par six grandes Courbes, qui portent
dans leur milieu un petit plat-fond.
Deux Anges de sept pieds, soutiennent
des encensoirs, & d'autres plus petits suspendus, tiennent des cartels, où
sont écrits des versets du *Gloria in ex-
celsis Deo*. Entre les Colonnes, on voit
en marbre blanc, l'Enfant Jesus dans
la Créche, la sainte Vierge, & saint
Joseph : c'est un chef-d'œuvre d'*Anguier* le jeune. Toutes ces figures sont
au-devant du Tabernacle, qui est tout
doré, en forme de niche, soutenu par
douze petites Colonnes.

La Peinture à Fresque du Dôme, est
de *Mignard* : elle a certainement de
grandes beautés : on y voit représentée
la Gloire des Bienheureux dans le Ciel.

Il y a deux grandes grilles de fer,
qui sont à droite & à gauche du grand
Autel ; l'une sépare de l'Eglise, le
Chœur des Religieuses, & l'autre ferme une Chapelle tendue de noir, où
l'on n'entre point, au milieu de laquelle est élevé un lit de velours noir, avec
beaucoup d'ornemens, où repose le

Cœur d'Anne d'Autriche, fondatrice
de cette Maison.

On a fait, fous cette Chapelle, un
Caveau incrufté de marbre, avec plu-
fieurs niches, où l'on met les Cœurs des
Princes & Princeffes de la Maifon
Royale.

Au-tour du Dôme, dans la Frife, on
a mis en lettres de bronze doré, cette
Infcription :

Anna Auftria D. G. Francorum Regina,
Regnique Rectrix , cui fubjecit Deus
omnes hoftes, ut conderet Domum in no-
mine fuo. A. M. D. C. L.

On n'a pas encore achevé les Chapelles , qui augmenteront beaucoup la
magnificence de cette Eglife.

La Sacriftie conferve des Ornemens
très-riches, & d'autres chofes précieu-
fes , entr'autres , un Soleil d'or, garni
de diamans, qui a couté à l'ouvrier,
fept ans de travail ; il en reçût 15000.
livres de façon. On n'expofe ce beau
Soleil que deux ou trois fois dans l'année, avec plufieurs Reliquaires d'une
extrême richeffe. Les perfonnes curieu-
fes ne doivent pas négliger de l'aller
voir.

Eglise de l'Hôtel Royal des Invalides.

CE seul Monument suffiroit, pour rendre immortelle la mémoire de Louis XIV. soit qu'on le regarde du côté de la piété, soit qu'on le considere du côté de sa magnificence.

Ce grand Monarque avoit en vûe de procurer dans cet Hôtel aux Officiers & aux Soldats, hors d'état de servir, ou parce qu'ils sont estropiés, ou parce qu'ils sont d'un âge trop avancé, un azile honnête & assuré. On y compte jusqu'au nombre de sept mille hommes, tous biens nourris, & entretenus.

Les Soldats montent tous les jours la Garde aux portes de l'Hôtel, comme dans une ville de guerre.

Il y a un Gouverneur, un Lieutenant de Roi, un Major, & un Intendant.

Les Prêtres de la Mission, dit de saint Lazare, y sont pour le spirituel, comme dans bien d'autres Maisons Royales.

Quant à la construction de cet Hôtel, la forme extérieure est un quarré régulier, qui occupe un terrain de dix-sept arpens.

Il y a cinq Cours d'une même forme, qui sont environnées de logemens : celle du milieu est aussi grande que toutes les quatre autres ensemble. Elle est enfermée par deux rangs d'Arcades, l'une sur l'autre. Ces mêmes Arcades forment de vastes Corridors qui regnent tout autour.

On peut voir les Cuisines, qui sont d'une grandeur & d'une propreté surprenante ; & les quatre Réfectoires, où il y a de grands Tableaux à Fresque, assez curieux, quoiqu'un peu gâtés par la fumée des viandes. Ce sont les principaux Siéges des Villes que les François ont faits. L'intérieur de la Maison ne contient rien de fort curieux.

Le dessein de tout l'Hôtel des Invalides (excepté la nouvelle Eglise) ont été donnés par *Liberal Bruand* ; & les premieres fondations en furent jettées en 1671.

Pour l'Eglise, tout y est admirable ; on y a travaillé l'espace de trente ans, & on a rassemblé pour cela les meilleurs Maîtres de France,

L'Edifice est un quarré parfait. On a placé sur les Angles, les Peres de l'Eglise Grecque & Latine, groupés deux par deux.

Sa principale entrée est du côté de la campagne ; mais à la réserve du Roi, personne n'y entre ordinairement que du côté de la maison.

La façade est de vingt-huit toises d'étendue : elle est élevée sur un perron de plusieurs marches.

Les deux Anges que l'on a placé sur le couronnement de la porte, font de *Vancleve.*

Les quatre Vertus couchées, font de *Coisevox* , aussi-bien que la figure de Charlemagne. Saint Louis est de *Coustou* , mais modelé par *Girardon* : c'est une piéce très-curieuse. Toutes ces Statuës font de marbre.

La coupe extérieure du Dôme est la plus sçavante de tous ceux qui font en France. Il a environ cinquante toises de hauteur, depuis le rez-de-chauffée jusqu'à l'extrêmité de la Croix. C'est un des plus élevés du Royaume. Il est couvert de plomb, & décoré de Sculptures & de Dorures.

La plate-forme, qui regne autour

du Dôme en dehors, eſt pavée de pierres artiſtement taillées, & enchâſſées
les unes dans les autres, ſans aucun ci-
ment ou maſtic.

Tout l'intérieur de ce ſuperbe Monument, répond parfaitement à la magnificence du dehors. Je m'arrêterois
trop pour mon deſſein, ſi je voulois en
donner une deſcription exacte : on peut
voir celle que *Jean Felibien* nous en a
donnée en 1706.

La premiere Voûte du Dôme eſt
diſtribuée en douze parties égales. On
y voit les douze Apôtres à Freſque, par
Jean Jouvenet ; elle eſt de trente pieds
de diametre.

La deuxiéme Voûte eſt peinte par
la Foſſe : c'eſt la repréſentation d'une
Gloire.

Les quatre Evangeliſtes, qui ſont
placés entre les Arcs doubleaux, qui
portent la maſſe du Dôme, ſont par le
même *la Foſſe*.

Le grand Autel eſt placé de maniere, qu'il peut être également vû des
deux Egliſes. Il eſt à deux faces, &
l'on y peut dire deux Meſſes à la fois.

On a laiſſé juſqu'ici cet Autel, avec
ous les accompagnemens, en menui-

serie dorée, quoique le premier deffein ait été de faire le tout en bronze
doré d'or moulu.

La Voûte du Sanctuaire eft peinte
par *Noël Coypel* : il y a repréfenté le
Myftere de la Trinité, & l'Affômption
de la Vierge.

On y a auffi repréfenté en peinture,
deux Concerts d'Anges : celui du côté
d'Orient, eft par *Louis Boullongne*;
l'autre, à l'oppofé, eft par fon frere,
Bon Boullongne.

Il y a fix Chapelles, dans chacune
defquelles eft une ftatuë de marbre
blanc, au lieu de Tableau.

La figure de la Vierge, & le bas-relief que l'on voit dans la Chapelle, qui
eft à l'extrémité de la croifée, font de
Vancleve.

La figure de fainte Therefe, qui eft
dans la Chapelle oppofée, eft par *Philippe Maniere*.

Les quatre autres Chapelles font dé-
diées aux quatre Peres de l'Eglife Latine, S. Jerôme, S. Ambroife, S. Auguftin, & S. Gregoire Pape.

Les Peintures de la Chapelle de S.
Jerôme, & de celle de S. Ambroife,
font de *Bon Boullongne*. Celle de faint
Auguftin

Auguſtin a été peinte par *Louis Boul-*
longne ; & celle de S. Grégoire, par
Corneille.

Tout le Pavé de l'Egliſe eſt de marbre de différentes couleurs ; & les mar-
che-pieds du grand & des petits Autels,
ſont auſſi de marbre de diverſes couleurs en compartimens.

Jules-Hardouin Manſart a donné les
deſſeins de cette Egliſe.

L'Egliſe des Dominiquains , ou des P P. Jacobins , ruë S. Dominique.

DANS l'année 1683. ces Religieux commencerent une nou-
velle Egliſe ſur les deſſeins de *Pierre*
Bullet , excellent Architecte. Elle n'eſt
point entierement achevée. Il reſte encore à bâtir deux Chapelles de chaque
côté de la Nef & le Portail. La décoration intérieure conſiſte en un Ordre Corinthien en Pilaſtres. Les Vitraux ſont regardés par leur ſçavante
& agréable proportion , les mieux en
ce genre de toutes les Egliſes de Paris.

I. *Partie.* H

Le grand Autel eſt à la Romaine, &
d'une belle conſtruction. Dans le vuide
au-deſſus, on voit une Gloire céleſte,
ornée de Cherubins & de nuages, d'où
tombent des rideaux feints de bronze
doré, qui étant rehauſſés par des Cherubins, forment une eſpece de Pavillon,
qui fait un très-bel effet. De la grande
porte, cette ouverture au-deſſus de
l'Autel, laiſſe voir le plat-fond du
Chœur qui eſt derriere ; il eſt extrêmement orné de Peintures & de Sculptures, d'un beau Lambris, & d'un dou-
ble rang de Stalles, de l'ouvrage de
François Romué, Sculpteur du Roi.
Les panneaux des Lambris ſont peints,
ornés de neuf Tableaux du *Frere Jean
André*, Religieux de la Maiſon, & excellent Peintre. Les Peintures admirables du plat-fond ſont du fameux *le
Moine*, qui y a repréſenté la Transfiguration ; les Groupes d'Anges ſont
merveilleux, & tout cet ouvrage ſeroit
comparable aux plus parfaits en ce genre, ſi l'Optique y étoit obſervé. Le
grand Tableau au fond du Chœur, *de
la Réſurrection de Jeſus-Chriſt*, eſt encore de ce fameux *Frere André*, auſſi-
bien que les deux à l'entrée ; S. *Tho-*

mas *d'Aquin* qui offre ses Ouvrages à Jesus-Christ, & *le Pape Pie V.* à genoux, & priant pour le succes de la Bataille de Lépante.

Voici les Religieux célebres de cet Ordre qui y sont enterrés.

Le P. *Vincent Baron,* excellent Théologien, & si connu par ses disputes avec le fameux Docteur de Launoi, & le P. Thépohile Reynaud, Jésuite.

Le *Frere François Romain,* Flamand, si renommé pour son habileté dans la construction des Ponts & Chaussées, excellent Ingénieur & Architecte. C'est lui à qui la ville de Mastrick est redevable de la construction de son fameux Pont, qui lui fit tant d'honneur, & qui lui valut celle du Pont Royal, vis-à-vis le Palais des Thuïleries, dont Louis XIV. lui confia toute la conduite, & celle des Ponts & Chaussées dans la Généralité de Paris. Il joignoit à l'étenduë de ses connoissances une piété exacte & édifiante, & un grand désinteressement. Il faut lire son Epitaphe, composée par le P. Matthieu Texte, son confrere & son parfait ami.

A l'extrémité de la croisée, à gauche du grand Autel, est la Chapelle du Rosaire, dont l'Autel est remarquable par six Colonnes Corinthiennes de marbre, qui portent une demie-coupole de bronze doré. Le Tableau de l'Autel est du fameux *frere André*, dont on a parlé ci-devant, & admirable.

La Chapelle à côté du Rosaire, est celle de saint Hyacinthe, dont un Miracle fait le sujet du Tableau de l'Autel, du même *Frere André. Maximilien de Bellefouriere, Marquis de Soyecour*, mort en 1649. y est enterré.

Au milieu de la Croisée, il y a cinq Tombes plattes avec Epitaphes : celle de Me *Hyacinthe Serroni*, Dominicain, premier Archevêque d'Albi, & Intendant de Marine, Fondateur de cette Eglise, mort en 1687. Il faut lire son Epitaphe par l'Abbé de Camps son ami intime, & nommé à l'Evêché de Pamiers.

Du côté de la Chapelle de saint Dominique, est celle du *Marquis de Vardes*, Lieutenant général des Armées du Roi, &c. fameux par son esprit, par la faveur de Louis-XIV. & par sa disgrace.

A l'autre bout de la Croisée, vis-à-vis la Chapelle du Rosaire, est un Tableau encore plus fort pour le coloris, & plus admirable que celui du Rosaire : c'est la sainte Vierge, qui donne le Portrait de saint Dominique à un Religieux de cet Ordre. Ce beau Tableau est entre deux autres moins grands, qui représentent la Visitation de la Vierge, & sa Présentation au Temple. Ces trois Tableaux sont du même *Frere André*. A côté de cette Chapelle, & sous un arc, on voit un petit Tombeau de marbre, dont le dessein est du fameux *Oppenord*, & qui enferme les cendres de *Marguerite de Laigue*, veuve du *Marquis de Leuville*, & du *Comte de Relingue*, Lieutenant général, & premier Ecuyer de M. le Comte de Toulouse.

Dans la Chapelle qui suit à main gauche, dite de *saint Barthelemi*, l'on voit le Tableau du Martyre de ce Saint, qui est de la même force des précédens. Le Portrait *du Prince de Bournonville* enfant, est dans un des Anges au haut du Tableau : il est mort en 1727. & le dernier de la Maison de Bournonville, établie en France. Dans la même Chapelle, sur le Confessional, est l'Epitaphe de *Barthelemi Mascrani*, d'une famille noble des Grisons, établie à Lyon, ensuite à Paris; il fut Conseiller au Parlement, puis Maître des Requêtes, & pere de Marie - Magdeleine Emilie Mascarani, mariée au Duc de Gêvres, & célebre par le fameux Procès qu'elle lui intenta pour fait d'impuissance. *François Mascarani*, Prêtre & Docteur en Théologie, frere de Barthelemi, Maître des Requêtes, lui a dressé une Epitaphe. Les Connoisseurs doivent remarquer la grille de fer de cette Chapelle comme un chef-d'œuvre en ce genre. Il y a encore beaucoup d'autres Tombeaux, entr'autres celui du Sieur *Louis le Gay*, Bienfaiteur de cette Maison, dont le détail nous meneroit trop loin; d'ailleurs la plûpart sont sans Epitaphe, & n'ont rien d'extraordinaire.

Avant de quitter cette Eglise, il faut voir dans la Sacristie plusieurs Tableaux du *Frere André*, entr'autres la Susception de la Couronne d'Epines par S. Louis, & les Disciples d'Emaüs. Dans le Chœur de Matines, qui est au premier étage, on y voit le Portrait & l'Epitaphe de M. *Gigault de Bellefond*, Maréchal de Camp, mort en 1644.

Eglise des Carmes Déchaussés.

L'EGLISE de ces Peres est fort agréable ; & quoiqu'on y trouve des défauts, il y a des choses qui méritent d'être vûës avec attention.

On y peut remarquer la Chapelle de la Vierge, où il y a une excellente Statuë en marbre blanc, par *Antoine Raggi*, autrement dit le *Lombard* : c'est un des beaux morceaux de Sculpture qui soit en France. Il représente la Vierge assise, tenant l'Enfant Jesus dans ses bras. Le Cavalier *Bernin*, qui a fourni les Desseins de la niche où cette figure est posée, en avoit donné le modele à Rome.

Le Tableau du grand Autel est de *Quintin Varin*, d'Amiens, maître du fameux *Poussin*. Ce Tableau attire l'attention des Curieux.

La peinture du Dôme est fort estimée. Elle est de *Bartolet Flamael*.

Les premiers Fondemens de cette Eglise furent jettés en 1610.

Eglise du Noviciat des Jésuites, ruë Pot de Fer.

TOUT cet Edifice doit être regardé comme un chef-d'œuvre de régularité & de bon goût pour l'Architecture. *Martel Ange*, Frere de la Compagnie de Jesus, en a donné les Desseins.

Le grand Autel a été fait en 1709. sur les Desseins de J. *Hardouin Mansart*, & sous la conduite de *de Cotte*. Il est incrusté de marbre de différentes couleurs, ce qui fait un trés-bel effet. Le dessein des figures de saint Ignace & de saint François Xavier, est fort correct.

Ce qu'il y a de plus remarquable, est le Tableau du milieu, qui représente un Miracle de saint François Xavier. C'est un chef-d'œuvre de *Nicolas Poussin*, & un des plus précieux Tableaux qui soient en France.

Eglise

Eglise Paroissiale de S. Sulpice.

CEtte Eglise avoit été commen-cée en 1646. sur les Desseins de *Gamart*, Architecte ; mais étant trou-vée trop petite, elle fut entierement recommencée en 1653. sur les Des-seins de *le Vau*, dont la mort fit passer la conduite au Sr. *Gittard*. Les dettes considerables de la Fabrique en inter-rompirent les travaux pendant long-tems. Ce ne fut qu'en 1719. qu'ils fu-rent repris par le zéle & l'habileté de M. *Languet*, Curé de cette Paroisse, & continués par le secours d'une Lote-rie. Les deux Portails extérieurs de la Croisée sont décorés de Colonnes de quatre Ordres différens ; les Statuës de saint Jean, de saint Joseph, de saint Pierre & de saint Paul, sont de *Fran-çois Dumont*, très-habile Sculpteur, mort à Lille, de même que les Grou-pes d'Enfans. Le grand Portail est remarquable par le nombre & la hau-teur des Colonnes, il sera composé de deux Ordres, le Dorique & l'Ionique.

I. Partie. I

& aura 64. toiſes d'élevation & 68. colonnes, qui ſeront apperçues, quand
on aura créé une eſpace proportionnée
à l'immenſité de cette Architecture.
Ce Portail a été commencé en 1733.
ſur les Deſſeins de *Servandoni*, Pié-
montois. Le Maître-Autel iſolé & à la
Romaine, eſt d'un marbre bleu Tur-
quin, les Ornemens ſont de bronze
doré, auſſi-bien que le Tabernacle enrichi de Pierreries, il repréſente l'Arche d'Alliance. Le Deſſein de cet Autel, ainſi que l'Architecture des Portails de la Croiſée, ſont de *Oppenord*,
excellent Architecte. Toutes les Statuës adoſſées à chaque pilier du Chœur,
ſont de *Bouchery*, très-habile Sculpteur. Il y a une Vierge d'argent, fondue ſur ſon modéle, & de grandeur
naturelle pour être placée dans ſa Chapelle. Il faut-remarquer une Ligne
méridienne, tracée ſur le pavé de la
Croiſée par *Sulli*, Anglois, fameux
Horloger, avec beaucoup d'exactitude.
Les Peintures de la Chapelle de la
Vierge méritent l'attention des Curieux.
Le Plat-fond eſt de *François Lemoine*,
premier Peintre du Roi. Les quatre
Tableaux des Myſteres de la Vierge

font de *Carle Vanloo*, Peintre habile. Dans une Chapelle, près de celle de la Vierge, le Tableau de la Pentecôte est de *Nicolas Montagne.* Dans celle d'Elifabeth d'Orléans eft une Nativité admirable de *la Fosse.* Dans la plus proche, l'Apparition de Jefus-Chrift à la Madeleine, par *Hallé*, qui eft très-eftimée.

Voici les Illuftres enterrés dans cette Eglife. *Claude Dupuy*, Confeiller au Parlement, & un des plus fçavans hommes que la France ait eu. L'Abbé *Bourdelot*, fameux Médecin du Prince de Condé fous Louis XIII. & Auteur de quelques Ouvrages. *François Blondel*, excellent Architecte, & M° des Mathématiques de M. le Dauphin fous Louis XIV. les belles Portes de S. Denis & de S. Martin ont été élevées fur fes Deffeins, leurs Infcriptions font auffi de fa compofition. Il eft Auteur de plufieurs Ouvrages excellens.

Barthelemi d'Herbelot, Secretaire & Interpréte des Langues Orientales, & Auteur du Livre de la Bibliotheque Orientale.

Dom Gaëtano Julio Zombo, Gentilhomme Sicilien & d'un grand génie pour la Peinture & la Sculpture.

Madame la *Comtesse d'Aunoy*, si connue par ses Ouvrages.

Roger de Piles, Gentilhomme Nivernois, qui a fait plusieurs Ouvrages excellens sur la Peinture, & a peint lui-même.

Elisabeth Cheron, Dame célébre, non-seulement par ses Ouvrages en Peinture, & sur-tout pour les Portraits, mais encore en Poësie. Elle fut de l'Académie de Padouë, avec le titre d'*Erato*.

Jean Jouvenet, Peintre très-célébre, & sur-tout dans l'Histoire.

Etienne Baluze, renommé par sa science & par sa Critique; il y a plusieurs Ouvrages de lui.

L'Epitaphe de l'*Abbé de Marolles* se lit au-dessus de son Tombeau, qui est orné d'un petit Génie & d'Attributs, qui désignent l'homme de Lettres. Cet Ouvrage est de *Barthelemi du Melo*. Vis-à-vis est celui du *Marquis de Cavoye*, & de Madame de *Coëtlogon* son épouse. Auprès de ce dernier, on voit deux Urnes posées sur deux colonnes. Là premiere est l'Epitaphe du Maréchal & Vice-Amiral de

France le *Marquis de Coetlogon*, & au-
deſſus de l'autre colonne, eſt celle du
Comte de Gergy, Ambaſſadeur du Roi
de France à Veniſe, &c.

Entre la Chapelle de ſaint Jean & la
Sacriſtie, eſt une eſpece de Tombeau
de marbre, ſur lequel on voit une Renommée, avec les Armoiries & l'Epitaphe de M. *de Courcillon*, *Marquis
de Dangeau*, & de ſon fils, Gouverneur de la Touraine.

En entrant par le grand Portail ſur
un Pilaſtre du bas-côté droit, eſt le
Buſte de bronze en bas-Relief de M.
de *Bezenval*, Colonel du Régiment
des Gardes-Suiſſes, très-beau & d'une
reſſemblance parfaite. Cet excellent
morceau de Sculpture a été inventé
& exécuté par *Lazare Meyſſonier*,
Deſſinateur du Roi.

Les Curieux doivent encore examiner les deux Benitiers qui ſe voyent à
l'entrée par la grande porte. Ils ſont
faits de deux Coquilles d'une grandeur
unique, & parfaitement belles. Le Roi
en a fait préſent au Curé de cette Paroiſſe. Leur décoration eſt très-ingé-
nieuſe. Il y a deux Inſcriptions, qui
annoncent le don de Sa Majeſté, & la

reconnoiſſance du Paſteur. On doit travailler inceſſamment à un magnifique
Buffet d'Orgue, du Deſſein de *Ser-*
vandoni. Il en a fait graver l'Eſtampe
qui eſt dans le Public. Il ſera poſé ſur
la Tribune adoſſée au Portail, ſoute-
nue par des colonnes. Le Deſſein de
cette Tribune eſt auſſi de lui.

Le Séminaire de S. Sulpice.

Ce Séminaire a été commencé par
Jacques Olier, Curé de S. Sulpice en
1642. & continué par *Alexandre le*
Ragois de Bretonviller ſon ſucceſſeur,
ſur les Deſſeins de *Dubois.* Il n'y a de
remarquable dans ce Séminaire que les
Peintures excellentes de ſa Chapelle.
Son plat-fond admirable repréſente
l'Aſſomption de la Vierge, & tous les
P P. du Concile d'Ephèſe, où elle fut
reconnue Mere de Dieu ſelon la chair.
Cet Ouvrage incomparable en ce genre, eſt de la compoſition du fameux *le*
Brun, & commença ſa réputation, qui
a toujours augmenté juſqu'à ſa mort.
Le Tableau de l'Autel qui repréſente
une Deſcente du S. Eſprit ſur la Vierge & les Apôtres, eſt encore de lui, &
de la meme beauté.

Eglise de S. Germain des Prez, où sont les Bénédictins de S. Maur.

LE Bâtiment de cette Eglise est assez simple, & d'un goût Gotique : elle a cependant ses beautés.

Le grand Autel est magnifique : il est bâti à la Romaine ; c'est-à-dire, placé entre le Chœur & la Nef, pour y pouvoir officier des deux côtés. Il a été refait en 1704. sur les Desseins de *Gille-Marie Oppenord*. Ce grand Autel est formé en ovale par six grosses colonnes composites d'un beau marbre antique verd. Deux grands Anges de métail doré, soutiennent en l'air la Châsse de saint Germain. D'autres Anges de bronze doré, portent un Globe, surmonté d'une Croix ; & sur ceux-ci, s'éleve un Baldaquin, avec des Palmes, qui se terminent en piramide.

La Châsse de saint Germain est de vermeil, & d'un travail achevé, quoique Gotique : elle est faite en forme d'Eglise avec dix-huit figures au-tour,

I iiij

enrichie de 200. perles, & de 188. pierres précieuses. On dit qu'il y a été employé 27. marcs d'or, & 256. marcs d'argent. Guillaume Lévêque, soixantiéme Abbé, la fit faire en 1408. à ses dépens, excepté l'or d'une ancienne Châsse, que le Roi Eudes avoit donné à cette Eglise.

Sur les gros pilliers, près de cet Autel, il y a deux Tableaux de *Hallé*: l'un représente le Martyre de saint Vincent, & l'autre, la Translation de saint Germain.

On trouve des deux côtés du Chœur, deux Chapelles faites sur les Desseins de *Bullet*, illustre Architecte : la petite est celle de sainte Marguerite, où l'on doit remarquer le Tombeau des Catelans, fait par *Girardon*, & le Tombeau du Comte de la Mark, neveu du Cardinal de Fustemberg, par *Coysevox*.

Dans l'autre Chapelle, qui est dédiée à saint Casimir, est le Tombeau de Jean Casimir Roi de Pologne, fait par *Marsi* : il est de marbre noir, avec des bas-reliefs de bronze, & le Roi en marbre blanc, représenté à genoux.

Il y a dans la Nef six Tableaux qui

méritent quelque attention. Ils repré-
fentent les Actes des Apôtres.

Saint Paul dans l'Ifle de Malte, par *Verdot*.

Le Boiteux guéri par faint Pierre & faint Jean, par *Cazes*.

Saint Paul dans la Prifon de Lyftre, dont les Portes s'ouvrirent miraculeu-fement, par *Hallé*.

Saint Paul & faint Barnabé à Athé-nes, lorfqu'on voulut leur offrir des Sa-crifices, par *Chriftophe*.

Ananie & Saphir mourans, par *le Clerc*.

Le Baptême de l'Eunuque de la Rei-ne Candace, par *Bertin*.

L'impofition des mains d'Ananie fur l'Apôtre faint Paul, par *Retou*.

La Converfion de Sergius, & la pu-nition de Barjefu, faux Prophéte, par *le Moine*.

Il y a dans la Sacriftie de grandes curiofités; fur-tout, une Croix enri-chie de pierreries, où l'Empereur Adrien eft repréfenté fur un Saphir d'Orient; une autre Croix d'or, à dou-ble traverfe, affez grande & enrichie de pierreries très-précieufes, &c.

L'Abbaye dont nous venons de décrire l'Eglise, s'appelle *saint Germain des Prez*, à cause qu'on l'a bâtie d'abord au milieu des Prairies, & que saint Germain Evêque de Paris, y est enterré.

On prétend que cette Abbaye occupe la place d'un ancien Temple dédié à la Déesse Isis.

Le Roi Childebert, fils aîné de Clovis, premier Roi Chrétien, la fonda en 542.

Le revenu de l'Abbé Commendataire est d'environ 150000 liv. c'est maintenant M. le Comte de Clermont, Prince du Sang.

On peut remarquer que l'Abbé est Seigneur du Fauxbourg saint Germain; & qu'il a sa Jurisdiction particuliere dans l'enclos de l'Abbaye.

Nous parlerons ailleurs de la magnifique Bibliotheque de cette Maison.

Eglise du Collége Mazarin.

LE Collége dont nous allons décrire l'Eglise, a été fondé par le Cardinal Mazarin, l'an 1661. pour y faire élever soixante Gentilshommes de

Quatre Nations ; sçavoir , d'Italie , d'Allemagne , de Flandre Pays-Bas Catholiques , & du Roussillon, pour y établir des Classes publiques, à l'usage de tous ceux qui veulent y aller étudier. Le nombre des Etudians entretenus, est réduit maintenant à trente : celui des Externes est très considérable.

Les Docteurs de la Maison & Société de Sorbonne , sont Directeurs de ce Collége ; & ce sont eux qui y mettent le Grand-Maître , & les principaux Officiers.

La façade du Collége est bâtie en demi cercle , & composée du Portail de l'Eglise, & de deux aîles de bâtiment, qui y sont jointes , terminées chacune par un Pavillon quarré.

Le Portail de l'Eglise est formé par quatre colonnes Corinthiennes, & deux pilastres, qui soutiennent un fronton, dans lequel est un Quadran : au-dessus, il y a des figures, qui représentent les quatre Evangélistes , & les Peres de l'Eglise Grecque & Latine, avec cette Inscription :

Jul. Mazarin. S. R. E. Card. Basilicam, & Gymnasium fieri curavit, Anno M. D. C. LXI.

Le Dôme est couvert d'ardoises, &
orné de bandes de plomb doré ; au-dessus il y a une Lanterne entourée d'une
Balustrade de fer, terminée par un
Globe, avec une Croix à double traverse. *Dorbai* en a été l'Architecte.

L'Eglise est ronde en dehors, & ovale en dedans, d'Ordre Corinthien, pavé de marbre noir, blanc & jaspé, par
compartimens, avec des étoiles.

Les huit Béatitudes, en bas-relief,
placées dans les angles, au-dessus des
Arcades, sont de *Desjardins*.

Le Tableau du grand Autel est une
Circoncision de Jesus-Christ, par *Alexandre Veronese*. Les autres petits Tableaux, placés dans les ronds, sont de
Jouvenet.

Le Tombeau du Cardinal Mazarin
mérite d'être remarqué ; mais il est si
mal éclairé, qu'on a de la peine à le
voir. Il a été fait par *Coysevox*. Le Cardinal y est représenté en marbre blanc,
à genoux sur un Tombeau de marbre
noir : les Statuës de bronze qui l'accompagnent, représentent les Vertus.

Le Cardinal Mazarin mourut à Vincennes le 9. Mai 1661. âgé de 51.
ans.

Nous parlerons ailleurs de la Bibliatheque de ce Collège.

Eglise des Grands-Augustins.

QUOIQU'IL paroisse que Charles V. ait eu part à la construction de cette Eglise, elle n'a été cependant dédiée que sous Charles VII. par Guillaume Chartier Evêque de Paris, en 1453.

Le Chœur de cette Eglise est beau & spacieux. Le grand Autel est décoré de huit Colonnes Corinthiennes de marbre de Saraveche, au-dessus desquelles est le Pere Eternel dans sa Gloire. La Menuiserie des Stalles est un fort beau morceau. La Grille de séparation aux bas degrés du Maître-Autel, est magnifiquement décorée des Attributs de l'Ordre du S. Esprit & de S. Michel.

A l'opposite des croisées du Chœur, l'on voit sept grands Tableaux dans de superbes bordures. Le premier qui est auprès du Maître-Autel, représente le Sacrement de l'Eucharistie, & toutes

les figures de l'Ancien Teſtament. Les
cinq ſuivans repréſentent les principales Réceptions faites par les cinq
Grands-Maîtres de l'Ordre du S. Eſprit depuis l'Inſtitution. Ces cinq Tableaux ſont de *Vanloo*, de *de Troyes* &
de *Champagne*. Le ſeptiéme enfin ,
qui eſt un des meilleurs de *Jouvenet*,
repréſente ſaint Pierre guériſſant de ſon
ombre les Malades. La Chaire du Prédicateur eſt un beau morceau de *Ger-*
main Pilon , que lon a gâté en voulant
l'embellir par la dorure. Dans le Cloître ſe voit auſſi un ſaint François en
terre cuite du même *Germain Pilon* ;
il eſt fort eſtimé

Il y a auſſi dans ce Couvent pluſieurs
Salles , où l'on voit les Portraits de tous
les Chevaliers de l'Ordre du S. Eſprit ,
rangés par ordre de Réception.

C'eſt ordinairement dans cette Maiſon que ſe tiennent les Aſſemblées du
Clergé de France , qui y a auſſi ſes Ar-
chives.

Outre les Eglifes dont nous venons de parler, il s'en trouve plufieurs qui ont auffi leurs beautés.

Saint Landry, où eft le fameux Tombeau de *Girardon*, exécuté d'après fon modéle, par *Nourriffou* & *le Lorrain* fes Eléves.

Saint Jean de Latran, un magnifique Tombeau.

La Culture-fainte Catherine, deux très-beaux Maufolées de *Germain Pilon*, & deux fort bons Tableaux, dont un de *Champagne*.

Saint André des Arcs, le Tombeau de la Princeffe de Conti, par *Girardon*; & celui du Prince fon fils, par *Couftou* l'aîné, & quelques Tableaux.

Le Collége de Grammond, près ladite Eglife, le Maître-Autel eft fculpté par *Nicolas Adam*, repréfentant l'Affomption de la Vierge. Ce même Sculpteur vient de faire le Maufolée de la Reine de Pologne. La Chapelle eft du Deffein de *Charpentier*, Architecte du Roi.

Saint Jean en Gréve, plufieurs bons Tableaux, le Maître-Autel, la Chapelle de la Communion, & la voûte qui foutient l'Orgue; tout cela mérite d'être vû,

Saint Louis du Louvre, dont le Deffein a été donné par *Germain* , Orfévre du Roi , & où l'on trouve du très-
beau en fait d'Architecture , Peinture
& Sculpture. Cette Eglife eft toute
nouvellement bâtie.

Aux Capucins du Marais , quelques
bons Tableaux , de même que dans
l'Eglife de S. Lazare ; au Couvent des
Filles de l'Affomption, ruë S. Honoré,
& dans l'Eglife des RR. PP. Mathu-
rins.

Saint Paul auffi , quelques Tableaux ;
le Tombeau du Duc de Noailles, par
Anfelme Flamen, & un beau Monument à la mémoire de J. H. Manfart ,
par *Coyfevox*.

Les Enfans Trouvés près Notre-Dame , Magnifique Bâtiment, par M.
Boisfranc, Architecte du Roi ; M M.
Natoire & *Brunetty* , Peintres, viennent de peindre toute l'Eglife.

Et quantité d'autres Eglifes, dont
le détail pafferoit les bornes dans lefquelles nous nous fommes propofé de
nous renfermer.

DES

DES PALAIS, ET DES HOSTELS.

COMME il y a à Paris un très-grand-nombre de Palais & d'Hôtels, nous passerions les bornes de notre plan, si nous voulions entrer dans le détail de chacun en particulier : ainsi nous prenons le parti de ne parler que des plus curieux, & des plus aisés à voir, comme sont :

Le Palais du Louvre.
Le Palais des Thuilleries.
Le Palais du Luxembourg.
Le Palais Royal.
Le Palais de Bourbon, rue de Bourbon.
L'Hôtel de Lassay.
L'Hôtel d'Antin.
L'Hôtel de Toulouse.
L'Hôtel du Maine.
L'Hôtel d'Evreux.
L'Hôtel de Soubize.
L'Hôtel de Richelieu.
L'Hôtel de Verüe.

Les Maisons { De M. Crosat, ruë de Richelieu.
Du Président Lambert.
De M. de Bretonvilliers.

Du Louvre.

LE seul nom du *Louvre*, que par excellence on a affecté à ce superbe Edifice, promet ce qu'il est en effet, ou plûtôt ce qu'il auroit été si on l'avoit achevé.

Un Poëte Latin a dit quelque chose de bien beau de Paris, du Louvre & de Louis XIV. qui l'avoit fait bâtir.

Urbi par Domus; Urbs orbi : sed neu-
   tra triumphis
Et belli, & pacis par, Ludovice tuis.

Ce nom de *Louvre*, en général, se donne à présent en quelque maniere, à toutes les Maisons Royales où le Roi fait son séjour : on dit, *les honneurs du Louvre; les Gardes dehors & dedans le Louvre, &c.*

On distingue le Louvre en vieux & en nouveau : le vieux est celui qui est achevé; & l'autre est la partie, qui n'est, pour ainsi dire, qu'ébauchée.

On a travaillé au vieux Louvre sous plusieurs Regnes. François I. le fit commencer en 1528. sur les Desseins de l'Abbé de *Clagny*; ceux de *Sebaftien Serlio*, Italien, n'ayant pas plu. Henri II. le fit continuer, & enfuite Louis XIII.

On y admire, entr'autres, les ornemens de Sculpture, qui font de *Jean Gougeon*, très-fameux dans fon art.

Le nouveau Louvre a été entrepris du Regne, & par les ordres de Louis XIV. en trois années feulement, depuis 1667. jufqu'en 1670. fur les Deffeins & fous la conduite de *Louis le Vau*, natif de Paris; & après fa mort, fous les foins de *François d'Orbai*, fon éleve.

Quelques-uns attribuent les Deffeins du Louvre à *Charles Perrault*, le Traducteur de Vitruve. Cette opinion a prévalu.

On ne jugea pas à propos de fe fervir du deffein du Chevalier *Bernin*, que le Roi avoit fait venir de Rome exprès.

Les modeles que ce fameux Architecte avoit faits, étoient confervés dans l'Académie d'Architecture.

Il eft conftant qu'il y avoit dans le même endroit, où eft à préfent le Louvre un Château, qui a fervi à différens ufages. L'origine en eft incertaine, quoique plusieurs l'attribuent au tems de Philippe-Auguste.

La grande Façade a 27 toises & demi de long : elle consiste en trois corps avancés, & en deux peristiles.

L'entrée principale est dans le corps du milieu, qui est orné de huit Colonnes couplées. Le fronton qui le termine, est remarquable, n'étant que de deux seules pierres, qui ont été tirées des Carrieres de Meudon, chacune de 54. pieds de longueur, sur huit de large, & dix-huit pouces d'épaisseur.

Chacun des deux Peristiles, qui sont entre ces trois corps avancés, est de 27. toises de long, sur douze de large.

Leurs Colonnes, qui sont Corinthiennes, canellées, & couplées, ont chacune trois pieds sept pouces de diamétre. Au lieu de comble regne une baluftrade appuyée sur des piédestaux.

Le vieux Louvre est à trois étages; & les corps avancés sont ornés de Colonnes.

Les fenétres du second Ordre sont infiniment estimées par les Curieux : c'est ce qui fait que les Architectes François les ont imitées en bien des endroits.

On doit remarquer dans la Salle des

Cent Suisses quatre Cariatides gigan-
tesques, qui soutiennent une espece de
Tribune. C'est l'ouvrage de *Jean Gou-*
geon; *Sarazin* les a copiées sur l'Attique du gros Pavillon du milieu.

L'entrée principale du Louvre du
côté des Thuilleries, est un Vestibule
orné de deux rangs de Colonnes couplées, dans l'Ordre Ionique, qui est
sous ce gros pavillon. *Jacques Mercier*
en avoit eu la conduite sous Louis XIII.

Les dedans du Louvre répondent entierement à la magnificence des dehors.
Dans l'appartement de la Reine, qui
est de plein pied avec la Salle des Cent
Suisses; il y a à observer les plat-fonds
de *François Romanelli*, éleve de *Pierre*
de Cortonne, & les païsages de *Bourson*.

La Salle des Antiques n'en a plus
rien que le titre: les statues qui lui donnoient ce nom; ont été portées à Versailles & à Marly.

Les Portraits des Princes de la Maison d'Autriche, depuis Philippe I. jusqu'à Philippe IV. ont été peints par
Valasque, Peintre Espagnol, dans la
Salle particuliere des Bains.

Entre les piéces des Appartemens
d'en-haut, on doit remarquer la Galle-

rie d'Apollon. Après avoir été brûlée presque entierement en 1551. elle fut refaite sur les desseins de *le Brun*. Ce fameux Peintre a fait les Cartouches du Plat-fond. Le Triomphe de Neptune & de Tethis, est regardé comme un chef-d'œuvre.

Le Brun avoit choisi un sujet qui faisoit allusion aux grandes actions de Louis XIV. La Devise de ce Prince étoit le Soleil, avec ces mots :

Nec pluribus impar.

La plus grande partie des Tableaux, qui étoient autrefois dans la Gallerie d'Apollon, se voyent présentement à Versailles. D'ailleurs on n'obtient que difficilement la permission d'y entrer.

Les Académies Françoise, des Belles-Lettres, des Sciences, d'Architecture, & celle de Peinture, se tiennent au Louvre. Nous en parlerons dans un Chapitre particulier pour ce qui regarde leur établissement.

Les Tableaux qu'on trouve dans la Salle de l'Académie des Belles-Lettres, sont de *Coypel* ; & les Portraits sont de *Rigault*.

On voit dans les Salles, que l'Académie de Peinture occupe, les Chefs-d'œuvres que les Peintres & les Sculpteurs ont faits pour être reçus Académiciens.

Les Statuës que l'on conserve dans une de ces Salles, sont très-remarquables, quoiqu'elles ne soient que des copies d'après les Antiques. Les personnes qui ont été en Italie, reconnoîtront avec plaisir les copies du Lacoon du Vatican, de la Venus de Médicis, de l'Hercule, & de la Flore du Palais Farnèse, de l'Apollon, & de l'Antinoüs du Belvedere, du Gladiateur, & du Faune de la vigne Borghèse, & quantité d'autres.

La Gallerie qui joint le Louvre au Palais des Thuilleries, est de 227. toises de longueur. Elle a été bâtie sous différens Regnes, & par différens Architectes : on y remarque des beautés inimitables.

C'est dans cette Gallerie que sont conservés les Plans en reliefs des principales Forteresses de l'Europe. On ne voit rien de semblable, ni même d'approchant dans aucun autre endroit du monde. Le nombre de ces Plans est d'environ 170. qui ont coûté à Louis

XIV. plus de cinq millions. La plus
grande partie de ces Plans ont été faits
par *Jean Berthier*.

La vûe de ces grands ouvrages, n'est
pas permise aisément aux Etrangers :
sans doute que les autres Nations ca-
cheroient de même de pareils Trésors
aux yeux des François.

Du Palais des Thuilleries.

CE Palais fut ainsi nommé, parce
qu'il est bâti dans un lieu, où l'on
faisoit des Thuilles.

On commença le Palais des Thuilleries l'année 1554. par les ordres de
Catherine de Médicis, sur les Desseins,
& sous la conduite de *Philibert de Lorme*. Henri IV. le fit achever en 1600.
Louis XIV. sur les Desseins de *le Vau*,
& sous la conduite de *François d'Orbai*,
le perfectionna, & lui donna toute la
beauté qu'on remarque dans ses magnifiques Appartemens.

Il est composé de cinq Pavillons, &
de quatre corps de Logis, où l'on admire l'Architecture, quoique traitée di-
versement ; & la Sculpture qui est des
premiers

premiers Maîtres. Le tout eſt bâti ſur une ligne droite, qui a environ 170. toiſes de long.

Il n'y avoit d'abord que trois Pavillons, & les deux Corps de Logis du milieu; le reſte a été fait ſous le Regne de Henri IV.

Le gros Pavillon du milieu eſt orné de Colonnes de marbre du côté du Carouſel; & celles du côté du Jardin, ne ſont que de pierre. Il y en a une entr'autres, que les Connoiſſeurs admirent beaucoup.

Dans l'intérieur du Palais, il y a bien des choſes à obſerver. Après l'Eſcalier qui eſt aſſez ingénieuſement traité, on entre dans le grand Appartetement du Roi. Pluſieurs fameux Peintres du ſeiziéme ſiécle y ont travaillé à l'envi les uns des autres, ſur les Deſſeins, & ſous la conduite de *le Brun*.

On a repréſenté dans le Plat-fond de la Salle des Gardes, une marche d'Armée, une Bataille, un Triomphe, un Sacrifice, & au milieu, la Renommée, avec pluſieurs autres figures.

Le Plat-fond de l'Anti-chambre repréſente les Heures du Jour & de la Nuit, par différentes figures allégori ques. La Fable de Procris, la Statuë de Memnon, Clitie, & le Soleil qui va s'étouffer dans la Mer, ont été pris des Métamorphoses d'Ovide.

Les figures de Sculpture, qui tiennent le Braisier de Stuc, dans la grande Chambre du Roi, sont de *Girardon*; & les autres de *Louis Leranbert*.

Le Plat-fond qu'on admire dans la Gallerie des Ambassadeurs, avoit été copié d'après celui de la Gallerie Farnése, à Rome, peint par *Annibal Carrache*; mais les changemens qu'on y a faits quand Louis XV. est venu faire son séjour dans ce Palais, le rendent entierement méconnoissable.

Les Païsages qu'on voit dans les Appartemens du côté du Jardin, sont de *Francisque*; les autres Peintures sont de *Noël Coypel*.

L'Appartement de la Reine a été peint par *Nocret*. La Reine est représentée sous la forme de Minerve; mais en différens exercices.

Mignard d'Avignon a peint celui de dessous.

L'Appartement que Monseigneur occupoit, a été peint par *Philippe de Champagne*, qui y a représenté l'éducation d'Achille,

On appelle *Salle des Machines*, l'endroit où l'on donnoit autrefois les Ballets & les Comédies devant la Cour. Ce Théatre est une des plus belles choses qu'on trouve dans le Palais des Thuilleries, & peut-être le plus remarquable Monument qu'on voye en ce genre, si l'on en excepte celui de Parme. La grandeur, l'ordonnance & la richesse, sont d'une beauté surprenante. Il peut contenir jusqu'à huit mille personnes, & toutes commodément placées. Le Plat-fond est peint par *Noël Coypel*, sur les Cartons de *le Brun*.

Aprês avoir examiné le Palais des Thuilleries, on peut aller voir le Jardin.

Du Jardin des Thuilleries.

CE Jardin est, sans contredit, la plus belle promenade de Paris, & la plus fréquentée. Les Parterres, les Allées, les grands Bassins d'Eau, les Statuës de marbre, tout y répond.

Ce fut Henri IV. qui le fit commencer en 1600. & il a été fini sous Louis XIV. en 1660. *André le Nôtre* a donné les Desseins, & a eu la conduite de tout le Jardin.

Il est de 360. toises de longueur sur 68. de largeur, qui font en tout 67. arpens de terre.

Il y a sept entrées : la premiere du côté du Pont-Royal : la seconde, près de la Barriere, qui est presque toujours fermée : la troisiéme par le Pont-Tournant, vis-à-vis le Cours : la quatriéme, vers la Porte Saint-Honoré : la cinquiéme, du côté de la ruë Saint-Honoré : la sixiéme, par les Feuillans : la septiéme, du côté du Carousel.

Il est défendu aux Ouvriers & aux Gens de Livrée d'y entrer à l'heure de la promenade.

Les trois Allées principales sont de 165. toises de longueur ; & celle du milieu en a 15. de largeur.

La grande Terrasse du côté de la Riviere, qui donne le plus grand ornement au Jardin, est de 280. toises de longueur, & de 14. de largeur.

Il y a dans tout le Jardin, quatre Jets d'Eau, dont deux ont des Bassins d'une circonférence assez considérable.

Du côté du Palais, il y a six Statues, & deux Vases de marbre blanc. Le

Chasseur & les deux Chasseresses du côté de la Riviere, sont de *Coustou*. La Faune, l'Hamadriade & la Déesse Flore, sont de *Coysevox*.

Des quatre groupes de figures de marbre, qui sont autour du grand Bassin du Parterre, le premier est de *Flamand*; il représente l'enlevement d'Orithie, ou plûtôt le Tems qui enleve la Beauté. Le deuxiéme groupe est Cérès enlevée par Saturne, sous la figure du Tems, par *Renaudin*. Le troisiéme, Lucréce qui se poignarde en présence de Collatinus. Il avoit été commencé à Rome par *Theodon*, mais il a été fini à Paris par *le Pautre*; le même a fait le quatriéme, qui représente Enée chargée de ses Dieux Pénates, de son pere Anchyse, & de son fils Ascanius.

Entre le demi cercle qui forme le fer à cheval, il y a quatre Fleuves de marbre, sur des piédestaux de même. La Seine par *Coustou*, la Loire par *Vancleve* : le Nil & le Tibre ont été copiés à Rome sur les Antiques qu'on voit au Capitole.

Tout au bout du Jardin, entre les ouvertures du fer à cheval, il y a deux fi-

gures à cheval d'une grandeur prodigieuse, élevées sur des jambages rustiques ; ce sont Mercure & la Renommée, par *Coyfevox*.

Ces Statues avoient été à Marly depuis l'an 1702. qu'on les avoit achevées,
jusqu'au 7. Janvier 1719. qu'elles furent apportées où on les voit.

On a posé dans ce Jardin, depuis
quelques années, plusieurs autres statuës en Termes, travaillées par d'habiles Maîtres.

Du Palais de Luxembourg.

ON pourroit relever ici, combien
les François doivent aux Italiens
pour le goût des Sciences & des Arts,
que ces derniers ont apporté en France.
Catherine de Médicis, femme de Henri II. & Marie de Médicis, femme de
Henri IV. ont fait élever presque tous
les meilleurs Edifices qu'on admire à
Paris. Mais pour suivre l'ordre de ma
description, je laisserai à d'autres le soin
de ces remarques.

Le Palais de Luxembourg, passe à
juste titre, pour le bâtiment le plus ré-

gulier qu'on voye en France, vafte &
fort magnifique d'ailleurs : c'eft dommage que les riches marbres qui pa-
roient la Terraffe ou Efplanade du côté du Jardin, en ayent été ôtés, auffi
bien que les belles Statuës qui étoient
dans le même endroit.

Marie de Médicis fit jetter les fondemens de ce Palais en 1615. fur les
Deffeins & fous la conduite de *Jacques
de Broffe*, qui, dit-on, y a imité en
plufieurs parties le Palais du Grand
Duc.

La face de ce Palais, du côté de la
ruë, eft une Gallerie découverte, avec
un Pavillon au milieu, enrichi de deux
rangs de Colonnes, & couronné au
pourtour, d'un Dôme de figure ronde.
Au-deffous de ce Pavillon, eft l'entrée principale, qui eft ornée de quatre Colonnes Doriques, avec des Niches entre-deux. Quatre grandes Arcades forment autant d'ouvertures pour
l'étage fupérieur. Ces Arcades font ac-
compagnées chacune de quatre Colonnes, & ornées au-dedans de Colonnes de marbre. Deux gros Pavillons
quarrés, & plus avancés que les autres
parties de la face, font les extrêmités

des Terrasses, où l'on voit les figures de Henri IV. & de Marie de Médicis, en marbre, d'une assez belle exécution.

La Cour est d'une grande étendue : aux deux côtés, font deux Galleries plus basses que le reste du bâtiment, soutenues chacune par neuf Arcades, qui forment des Allées couvertes.

Au fond de cette Cour, est le principal Corps de Logis, qui a quatre Pavillons aux extrémités, & un Corps avancé au milieu. L'escalier, & le passage pour le Jardin, font sous ce Pavillon.

L'ordre Toscan, Dorique & Ionique composent régulierement cette Architecture. Ils font accompagnés de pilastres couplés, qui ont des balustrades fur les combles avec des Frontons, où il y a des Statuës couchées.

Ce qui rend le Luxembourg encore plus curieux, font vingt grands Tableaux de *Rubens*, que l'on conserve dans la Gallerie à main droite. Ce fameux Peintre a traité sous des figures allégoriques, l'Histoire de Marie de Médicis. Outre la Description qu'*André Felibien* nous a donné de ces excellens Tableaux ; M. *Moreau de Mau-*

tour en a donné une autre ; & *Nattier*, habile Peintre, les a fait graver.

Je ne parlerai point des autres piéces intérieures de ce Palais : les riches ornemens de Sculpture & de Dorure qui les rendoient infiniment remarquables autrefois, ne font aucunement du goût d'à-présent.

Le terrain où eft bâti le Luxembourg, eft un des plus élevés de Paris.

Ce Palais appartient au Roi, quoiqu'on life au-deffus de la porte, PALAIS D'ORLEANS. Marie de Médicis le laiffa par fon Teftament à Jean Gafton, Duc d'Orléans, frere de Louis XIII. La Reine avoit acheté de Henri de Luxembourg, Duc de Piney, un vieux Hôtel, fur la ruine duquel elle fit bâtir un nouveau Palais : le nom de *Luxembourg* lui en eft refté.

Les Jardins, quoiqu'ils ne foient pas fi beaux qu'ils ont été, font toujours la plus belle promenade de Paris après les Thuilleries.

On ne doit pas oublier d'y remarquer des reftes de Baluftrades en marbre blanc fur le devant des Terraffes. Elles font fi régulieres & fi proportionnées, que *François Blondel* dans

son cours d'Architecture, les a proposées comme un modéle.

Du Palais Royal.

ON verra dans ce Palais ce qu'on
ne trouve dans aucun endroit de
l'Europe : c'est une grande collection
d'environ cinq cens Tableaux de grand
prix des plus fameux Maîtres, & de
toutes les Ecoles. Les Curieux doivent
plus s'arrêter à considérer ce rare Trésor, que le Palais qui le renferme.

Le Cardinal de Richelieu fit commencer le Palais-Royal en 1629. sous
la conduite de *Jacques le Mercier*. On
l'appella d'abord l'*Hôtel de Richelieu*,
ensuite le *Palais-Cardinal* : il y eut
même une fameuse dispute entre deux
Académiciens, pour sçavoir si cette
derniere expression, *Palais - Cardinal*
(qui est encore sur la principale entrée)
étoit Françoise.

Le Cardinal de Richelieu ayant donné ce Palais à Louis XIII. par une do-
nation entre-vifs, la Reine Anne d'Autriche, alors Régente, y vint habiter
en 1643. & depuis ce tems-là, on l'a

toujours appellé *Palais Royal.* Louis XIV. après en avoir accordé la jouissance à Monsieur son Frere, le donna à Monsieur le Duc d'Orléans, petit-Fils de France, en faveur du Mariage avec Marie de Bourbon, légitimée de France.

On prétend que le Cardinal de Richelieu ordonna que le Cadran qui est dans la seconde Cour, fut arrêté pour toujours au moment de sa mort, pour la rendre plus remarquable à la postérité.

Le Palais Royal, pour ce qui regarde l'ancien Edifice, quoique d'une grande étendue, n'a rien de fort remarquable, ni pour les appartemens, ni pour les façades extérieures : le tout y est d'une invention bien simple.

Mais on estime fort les nouveaux appartemens, qui sont grands & commodes ; & la décoration extérieure a des beautés, & de la régularité.

La grande Gallerie est du Dessein de *Jules Hardouin Mansart ;* & l'Appartement qu'occupe Monsieur le Duc d'Orléans, a été construit sur les Desseins de *Gilles-Marie Oppenord,* premier Architecte de Son Altesse.

Mais laissant à part les beautés, ou les défauts de l'Edifice, on ne sçauroit trop admirer les riches Tableaux qu'on y voit. Feu Monsieur le Duc d'Orléans étoit non-seulement un grand amateur de la Peinture, mais il s'y connoissoit beaucoup ; il fit cet assemblage, qui lui coûta, dit-on, plus de quatre millions, en moins de vingt ans de tems. La plus grande partie de ces Tableaux, ou, au moins, les plus remarquables, viennent du Cabinet de la Reine de Suéde : elle les avoit eus du Cabinet de l'Empereur, lorsque les Suédois prirent Prague. Don Livio Odescalchi, neveu d'Innocent XI. les acheta après la mort de la Reine de Suéde, c'est-de-là qu'ils ont passé à Monsieur le Duc d'Orléans.

Outre la dépense & le choix qu'on admire dans cette fameuse collection, on doit remarquer que d'un bon Peintre, il n'y a, à peine, qu'un seul Ouvrage pour assortir, ou pour faire distinguer les différentes mains, au lieu que des fameux Maitres, il y en a jusqu'à trente.

En effet, j'y ai compté jusqu'à vingt-neuf, ou trente Tableaux du *Titien* ; en

viron une quinzaine de *Raphaël* ; dix-
neuf ou vingt de *Paul Gagliari*, dit *le
Veronese*, seize de *Jules Romain*, dix-
huit *du Guide* ; vingt-huit d'*Annibal
Carache* ; treize ou quatorze d'*Antoine
Corége* ; ainsi des autres.

Je puis dire ici, à la louange de Monsieur le Duc d'Orléans, qu'il a acheté
sept Tableaux seulement, qui sont les
sept Sacremens du *Poussin*, quarante
mille écus, d'un Hollandois, qui les
avoit. Le *Poussin* avoit fait deux fois
ces sept Sacremens ; la premiere, pour
le Commandeur del Pozzo ; la deuxiéme, pour M. de Chantelou : ce sont
ceux du Palais Royal.

Quoique ces sept Tableaux soient
tous d'un grand mérite, celui qui représente le Sacrement du Mariage, est
un peu moins beau que les autres ; ce
qui a donné lieu à un bel esprit d'en
faire une jolie Epigramme.

Je remarquerai encore que Monsieur
le Duc d'Orléans a payé le Tableau de
la Résurrection du Lazare, par *Sebastien del Piombo*, quarante mille livres,
à la Cathédrale de Narbonne. Ce Tableau est sur bois, haut de onze pieds
dix pouces, large de neuf pieds. Clé-

ment VII. l'avoit envoyé à Narbonne, où il avoit été Archevêque. On croit que les desseins sont de *Michel Ange*, & l'exécution de *del Piombo*.

Saint Jean dans le Désert, est un des chefs-d'œuvre de *Raphaël*. Ce Tableau est sur bois, haut de cinq pieds un pouce, large de quatre pieds six pouces Il a appartenu au premier Président de Harlai.

Les Curieux regardent le Tableau de la famille de Charles I. Roi d'Angleterre, comme le plus autentique & le plus certainement de *Vandeik*.

Je ne prétends pas relever ici les fautes qu'ont fait les autres faiseurs de Descriptions de Paris ; peut-être aurois-je moi-même besoin de quelqu'indulgence pour mon Ouvrage. Qu'il me soit seulement permis de faire remarquer comme quelque chose qui peut regarder un Italien, qui est que l'on n'y voit point *le Portrait de l'Arétin avec* celui de *Petrarque* ; mais que ce sont six Poëtes du même tems, *Dante*, *Petrarque*, *Guido Cavalcanti*, *Boccace*, *Cino da Pistoja*, & *Guitton d'Arezzo*. Ce Tableau a été peint par *Giorgi Vasari*, le même qui a écrit les Vies des

Peintres, des Sculpteurs, & des Architectes; Ouvrage fort estimé.

La nouvelle Gallerie est certainement
une des plus belles & des plus brillantes
qu'on puisse voir. On y représente en
quatre Tableaux dans le lambris, &
dans la voûte, l'Histoire d'Enée; le
tout peint par *Antoine Coypel*. Pour la
Cheminée, qui est toute en marbre
verd, avec de grands Groupes de bronze doré, & beaucoup d'autres riches
ornemens, elle est regardée comme
une des plus belles & des plus superbes
qui aient jamais été exécutées. Les
seuls Bronzes ont couté dix mille écus.

Ces Tableaux, de la maniere qu'ils
sont posés, ne suivent pas l'ordre chro-
nologique. Le Peintre y a été appa-
remment obligé par la disposition des
Trumeaux.

Le dessein de la Gallerie est de *Mansart*; mais la Cheminée est de l'invention d'*Oppenord*.

Je passerois les bornes que je me suis
proposées, si j'étois plus long aux dé-
tails du Palais Royal. L'on trouve
une Description exacte des Tableaux de
ce Palais, imprimée à Paris, chez
d'Houry, Libraire.

André le Nôtre, qui a donné les Deſſeins du Jardin, eſt le même qui a conduit celui des Thuilleries. Depuis peu,
on l'a rendu plus agréable, & plus com-
mode, pour les promenades, ſur les
Deſſeins de feu *Deſgots*, éleve de *le
Nôtre*.

Palais de Bourbon, rue de Bourbon.

CE Palais appartenoit à Madame la
Ducheſſe Doüairiere, qui l'avoit
fait bâtir. Il eſt, ſans conteſtation, le
plus élegant, & un des plus magnifiques qu'on voye en France. On l'a commencé en 1722. & il n'y a que l'Appartement d'Eté qui n'eſt pas encore
achevé. Comme il eſt d'une grande
beauté, il faut tout examiner, ſans que
je m'étende ici dans un plus long détail.

L'Architecte qui en a donné les Deſſeins, eſt M. *Gabriel*; & M. *Aubert* en
a eu la conduite.

On doit conſidérer comme un morceau ſingulier, la Sculpture qui eſt ſur
le fronton, par *Couſtou*.

Pour les Peintures, excepté les plat-
fonds, qui ſont très beaux; il n'y a pas
beaucoup

de Tableaux. Louis XIV. à cheval,
par *le Brun*, est une piéce remarquable.
Louis XV. est par *Wateau*.

Dans un petit Cabinet, il y a toutes
les Princesses de la Maison de Bourbon, habillées en Religieuses.

Les Jardins sont d'un aussi bon goût
que le Palais. La vûe qui est du côté de
la riviere & vis-à-vis des Thuilleries,
en est charmante.

Monsieur le Marquis de Lassay a son
Hôtel fort près : il est bâti avec les mêmes soins que le Palais de Bourbon : les
Meubles sont presque de la même élégance ; mais il y a de plus, une très-
belle collection de Tableaux des plus
fameux Maîtres d'Italie.

Hôtel de Toulouse.

CET Hôtel a été bâti vers l'an
1620. sur les Desseins de *François Mansart.* Il a été appellé *Hôtel de
la Vrilliere*, parce qu'il a appartenu à
M. de la Vrilliere, Secretaire d'Etat,
jusqu'en l'an 1713. qu'il est passé à feu
Monsieur le Comte de Toulouse, Prin-

ce légitimé, Grand-Amiral, Grand-Veneur, &c.

Les deux Statuës, Mars & Pallas, qui sont sur la grande Porte, sont de *Biard* le fils.

Dans l'Appartement qui est au rez-de-chaussée, il y a une salle, avec les Portraits de tous les Amiraux de France, au nombre de soixante-un.

Dans la Salle qui suit, il y a les Portraits de tous les Rois de France, depuis Pharamond jusqu'à Louis XV. au nombre de soixante-six.

Il y a, dans cet Hôtel, beaucoup de Tableaux des plus fameux Maîtres : entr'autres, ceux de la Gallerie, qui est des plus magnifiques.

Elle a 120. pieds de longueur, sur vingt de Largeur.

Les ornemens de Sculpture sont de *Vassé*.

Le plat-fond est peint par *François Perrier*, en 1645. Il y a représenté Apollon & les quatre Saisons.

Les Tableaux sont tous d'excellens Maîtres.

Furius Camillus, par *le Poussin*.

Coriolan, par *le Guerchin*.

Romulus & Remus, par *Pierre de Cortone*.

Helene, par *le Guide*.

César qui répudie Pompeïa, par *P. de Cortone*.

Le Combat des Romains & des Sabins, par *le Guerchin*.

César qui fait fermer le Temple de Janus, par *Carlo Maratti*.

Un Seigneur en robbe de Chambre, par *le Valentin*.

La Sibylle Cumée, par *P. de Cortone*.

La mort de Marc-Antoine, par *Alexandre Veronese*.

Hôtel d'Evreux.

ON ne va pas voir cet Hôtel seulement pour les Meubles, comme on fait pour bien d'autres : il est encore pour l'Architecture, un des plus réguliers & des plus magnifiques qu'il y ait en France. La façade du côté du Jardin est la plus remarquable. Cette seule Maison est capable de faire voir combien les François se sont perfectionnés dans l'art de bâtir. Elle a été élevée en 1718. sur les Desseins de *Molet*.

Les Meubles répondent parfaitement

à la magnificence de tout le reste du Bâtiment, sur-tout pour les Lustres, qui sont du dernier beau.

On peut demander à voir un Tableau mouvant, qui est dans un Cabinet de M. le Comte d'Evreux.

Ce Seigneur est de la Maison de Bouillon.

Hôtel du Maine, rue de Bourbon.

CET Hôtel a été commencé en 1716. sur les Desseins de *de Cotte*, premier Architecte du Roi. Il appartient à Madame la Duchesse du Maine, qui l'a acheté de Madame la Princesse de Conti, seconde Douairiere. Il est d'une étendue très-considérable. Les Curieux ont raison de l'aller voir, sur-tout pour les Meubles qui sont d'une grande richesse, & d'un grand goût. Le Salon de la Chine est de la plus grande magnificence ; il a coûté seul près de cent mille livres. Le petit Oratoire est tout rempli de Tableaux en miniature, avec des bordures de filagrame.

Les Portraits de toute la famille de

Monſieur le Duc du Maine, ſont faits
par de *de Troy* le pere, le même qui a
fait celui de Madame la Ducheſſe, qui
étudie la Sphere avec un Maître de
Mathématiques.

Hôtel de Richelieu, à la Place Royale.

MONSIEUR le Duc de Richelieu,
après ſon retour de l'Ambaſſade
de Vienne, a fait travailler à un Cabinet de la Chine, qui eſt le plus riche,
& du meilleur goût qu'on puiſſe s'imaginer. Cette ſeule piéce ſuffiroit pour
engager les Curieux à aller voir cet
Hôtel, outre la richeſſe des Meubles,
& la beauté de pluſieurs Tableaux.

Le fameux Tableau, qu'on dit le
Quos ego de *Rubens*, autrefois à Madame la Ducheſſe de Richelieu, eſt
paſſé dans les mains de M. de la Faye,
qui l'avoit acheté dix mille livres, à un
Seigneur Anglois.

Maison du Préſident Lambert, rue S. Louis dans l Iſle, poſſédée actuellement par M. de la Haye, Fermier Général.

L'ARCHITECTURE de cette Maiſon eſt belle & réguliere. *Louis le Vau*, fameux Architecte, en a donné le Deſſein, & a conduit tout l'ouvrage. La beauté & la richeſſe des Peintures la rendent encore très-remarquable.

Les vûës n'y contribuent gueres moins ; car après la Maiſon de M. de Bretonvilliers, c'eſt la mieux placée de Paris, & au-deſſus de tout ce qu'on pourroit dire.

Entre les Tableaux eſtimables, on voit dans l'antichambre au rez-de-chauſſée, l'enlevement des Sabines : c'eſt un des meilleurs ouvrages du *Baſſan*. Il vient du Maréchal d'Ancre.

Dans le grand Cabinet attenant cette antichambre, ſont peints par le *Sueur* au plat-fond, trois Tableaux ; la Lune ſous la figure de Diane, aſſiſe dans ſon

char, & précédée de l'Etoile de Luci-
fer ; Venus qui demande à Jupiter la
Déïfication d'Enée, & Ganimede choi-
fi par ce Dieu pour verfer le Nectar à
la place d'Hebé.

Le Cabinet attenant, qui a retenu
le nom de l'*Amour*, parce que tout ce
qui y eft repréfenté, a rapport à cette
Divinité, eft revêtu d'un lambris doré, qui forme différens paneaux, dont
huit renferment des Païfages peints par
Herman Van-Swanefelt & Patel, les
autres paneaux, ainfi que les pilaftres mourans, font remplis d'ornemens
& de figures d'Amours, tenans les Armes des Dieux, qui font peints par le
Sueur.

Cinq grands Tableaux occupent la
partie fupérieure du lambris. Les fujets font tirés de l'Iliade & de l'Enéïde,
& font peints par *François Perin*, *Jean-
François Romanelli*, & par d'autres
Maîtres.

Les Tableaux qui font au-deffus de
la cheminée & de la porte d'entrée,
font de le *Sueur*. Le premier repréfente l'Amour, qui dérobe le foudre à
Jupiter, & qui defcend des Cieux pour
embrafer l'Univers ; & le fecond, l'enlevement de Ganimede.

Les Peintures du plat-fond, dans lefquelles *le Sueur* s'eft furpaffé, confiftent en cinq Tableaux, qui font, la
Naiffance de l'Amour ; Venus qui préfente l'Amour à Jupiter ; Venus irritée
contre l'Amour, qui fe refugie dans les
bras de Cérès ; l'Amour qui reçoit les
hommages des Dieux ; & l'Amour qui
ordonne à Mercure d'annoncer fon pouvoir à l'Univers.

Les Appartemens du premier étage
font encore plus ornés que ceux du rez-
de-chauffée.

La premiere piéce qu'on y trouve,
eft un veftibule ovale, où *le Sueur* a fait
peindre en grifaille fur fes Deffeins, des
bas-reliefs & d'autres ornemens, qui
imitent la Sculpture.

Le plat-fond de l'Antichambre voifine à ce Veftibule, ainfi que les lambris, font décorés de différens ornemens
& figures, peints en Camayeux.

La Chambre voifine, dont les lambris font dorés, avec différens ornemens de petits Amours, figures & Enfans groupés, peints en Camayeux,
avec des deffus de portes dans des efpeces de Médaillons de *Stuc feint*,
ayant rapport aux Sciences & aux Arts,

ont

ont été peints sous la conduite de *le Sueur* : le plat-fond repréfente l'Enleve-ment de Flore par Zephire; & à chaque angle font des Groupes d'Amours cou-ronnés & badinans avec des Guirlandes de fleurs.

Dans le Cabinet attenant, appellé *des Mufes*, *le Sueur* a repréfenté dans le plat-fond, qui eft d'une ordonnance magnifique, Phaéton qui vient deman-der au Soleil dans fon Palais, la con-duite de fon char.

Les neuf Mufes en différens Ta-bleaux, ornent le lambris de ce Ca-binet, dont les Peintures font de *le Sueur.*

Les Peintures qu'on voit dans le Ca-binet des Bains, qui eft au-deffus au fecond étage, font du même Maître, & ne font pas inférieures aux premieres.

La piéce qui fe préfente en face du Veftibule au premier étage, eft une grande Gallerie dans la même difpofi-tion que celle qui fert de Bibliotheque au rez-de-chauffée.

Entre chaque Trumeau, ainfi que dans les efpaces vis-à-vis, font des Ter-mes, des Groupes d'Enfans ou des Ai-gles, qui portent des bas-reliefs de

I. Partie. N

Stuc, peints en bronze, dans lesquels le Sieur *Van-Obſtal*, célebre Sculpteur, a repréſenté les Travaux d'Hercule.

Le Brun n'a peint que le plat-fond de cette Gallerie, où il a repréſenté l'Apothéoſe d'Hercule, & ſon Mariage avec Hebé.

Dans le fond de la Gallerie du côté de la riviere, on voit Hercule qui monte au Ciel dans un Char attelé de quatre chevaux ; dans le compartiment du plat-fond qui ſuit, Jupiter préſente à Hercule Hebé pour épouſe ; à l'extrémité oppoſée au-deſſus de la porte, eſt un Buffet décoré par les ſoins de Bacchus & de Pan ; plus loin ſur des nuées, Cérès, Cibelle & Flore, ordonnent les apprèts de la Fête ; & dans le milieu de la Voûte ſe voit le Combat d'Hercule, avec les Centaures & la délivrance d'Heſione.

Les figures & les ornemens feints de Sculpture en marbre, qui couronnent la corniche, repréſentent les principaux Travaux d'Hercule.

Ces Peintures ont été gravées par de très habiles Maîtres, & les Eſtampes ſe trouvent chez le Sieur *Mariette*, rue S. Jacques, aux Colonnes d'Hercule.

L'Hôtel de Bretonvilliers.

CETTE Maison, quoiqu'elle ne soit à présent que le Bureau général des Aides, mérite certainement la peine d'être vûe. Elle est d'une étendue très-considérable, & située le plus avantageusement qu'on puisse s'imaginer. Les Tableaux qui sont dans la Salle basse, sont de *Mignard*, d'après les plus beaux Originaux de *Raphaël*, & la Gallerie du premier Appartement est toute peinte par *Bourdon*.

Maison de M. Crozat, rue de Richelieu.

IL y a dans cette Maison une des plus belles & des plus riches collections de Tableaux qu'on voye en France. Le Recueil imprimé se trouve chez *Mariette*, Libraire. Les Curieux peuvent y admirer la Maison même, qui est vaste, belle, & accompagnée de fort beaux Jardins.

Pour ce qui regarde la Peinture, on y trouve un Chef-d'œuvre de *la Fosse*, qui est le Plat-fond de la Gallerie. On ne doit pas négliger de l'aller voir.

L'Hôtel de Soubize.

C'EST aux Princes de Rohan-Sou-bize qu'appartient aujourd'hui cet Hôtel, autrefois appartenant aux Ducs de Guise. La Cour eſt une des plus belles & des plus grandes qu'il y ait en France. Elle eſt entourée d'une Colonnade, dont le comble eſt bordé de Baluſtrades & le Portail, qui eſt auſſi de grand-goût, eſt orné de Colonnes & de Trophées, avec les Armes de Soubize. L'Eſcalier qui auparavant n'étoit que vaſte & régulier, a eté enrichi depuis peu de fort belles Peintures, qui répondent à la beauté des nouveaux Appartemens qu'on vient d'achever.

L'Hôtel qu'occupe M. le Cardinal de Rohan, Evêque de Straſbourg, eſt remarquable par ſa Bibliothéque, dont nous parlerons ailleurs, & par la belle façade du côté du Jardin.

Le beau Portail de l'Egliſe de la Mercy, fait un ornement pour la vûe de cette Cour. Il eſt élevé ſur les Deſſeins du Sieur de *Boffrand*. Les Peres

de la Mercy furent établis en 1613.
par Marie de Médicis. Ils sont obli-
gés de présenter tous les ans, au jour
de la Chandeleur, un Cierge à la Reine regnante.

DES BÂSTIMENS PUBLICS.

J'ENTENDS sous le nom de *Bâtimens publics* :

Les Places.
Les Portes.
Les Ponts.
Les Fontaines.
L'Hôtel de Ville.
La Bastille.
L'Arsenal.
Le Palais des Thermes.
L'Observatoire.
Les Hôpitaux.

Des Places.

QUOIQU'IL y ait dans Paris plusieurs Places, il y en a trois à remarquer, à cause des Statuës de bronze dont elles sont ornées, sçavoir :

La Place Royale.

Celle des Victoires.

Celle de Louis le Grand.

La Place Royale a été bâtie en 1604.
sous le regne de Henri IV. & ce furent
plusieurs Particuliers qui en firent les
dépenses.

Dans l'endroit où est cette Place à
présent, étoit autrefois le Jardin &
l'Hôtel des Tournelles, qui avoit été
bâti par Charles V. & que lui, & les
Rois de France ses Successeurs, avoient
habité jusqu'à Henri II. Ce fut dans ce
tems-là que Catherine de Médicis le
quitta, & qu'il fut vendu à différens
Particuliers.

Cette Place est un quarré parfait de
72. toises. A chaque face il y a neuf
Pavillons de pierre & de brique, de

même hauteur & de même symétrie, tous couverts d'ardoises. Du côté de la rue S. Louis, où la Place est ouverte, il y a un Pavillon de moins.

Les maisons qui forment cette enceinte, ne sont pas d'une grande décoration par dehors, quoique fort vastes, & fort belles au-dedans. Il y a au rez-de-chaussée, une suite d'Arcades en maniere de corridor; mais elles sont très-basses. Presque toute la ville de Boulogne est faite de cette sorte : l'on peut voir toute la Ville, à l'abri de la pluye & du soleil.

Le centre de cette Place est un grand Préau entouré & fermé d'une très-belle Grille de fer : il y a sur les deux Portes un Médaillon de Louis XIV. ç'a été sous son regne que la Grille, & tous les ornemens ont été faits.

Au milieu du Préau, il y a une Statuë Equestre de Louis XIII. posée sur un grand piédestal de marbre blanc. Le Cheval a été fait par *Daniel Ricciarelli de Volterre*, éleve de Michel-Ange; il est parfaitement beau. La Statuë, qui est l'Ouvrage de *Biard*, n'est pas à beaucoup près si estimable.

Je ferai ici une remarque que d'autres ont déja faite avant moi : qu'il falloit donner à Henri IV. qui est sur le Pont-neuf, le Cheval de Louis XIII. pour faire un monument achevé.

Aux quatre faces du piédestal, on lit des Inscriptions à la louange de Louis XIII. & du Cardinal de Richelieu son Ministre.

De la Place des Victoires.

ON l'appelle ainsi, parce que la Statuë de Louis XIV. qui est au milieu, marque ses Victoires, avec quatre Esclaves enchaînés. Ce fut en 1684. que le Duc de la Feuillade la fit bâtir à ses dépens ; & la Ville y contribua de cinq cens mille écus.

La Place est d'une figure ovale, qui n'est pas des plus grandes, puisqu'elle n'est que de quarante toises de diametre ; mais il y a six rues qui y vont terminer, ce qui ne laisse pas de lui donner un grand jour.

Tous les Bâtimens qui forment l'enceinte, sont de même symétrie : l'extérieur de ces Bâtimens est orné d'une Architecture Ionique en pilastres, qui

est soutenu sur des Arcades chargées
de refans.

Au milieu de la Place, est une Statuë de Louis XIV. en Bronze doré, sur
un piédestal de marbre blanc veiné. Le
Roi est représenté debout, dans ses habits de Cérémonie, dont on se sert aux
Sacres; un Cerbere à ses pieds, & la
Victoire derriere lui, posant une Couronne de Laurier sur sa tête, & de l'autre main, elle tient un Faisceau de Palmes & de Lauriers. Tout le grouppe
qui est de seize pieds de hauteur, est
d'un seul jet; & on y a employé trente
milliers de métail.

Le piédestal sur lequel est élevé ce
grouppe, est de marbre blanc veiné,
comme nous avons dit, & il a vingt-
deux pieds de hauteur : il est orné de
bas-reliefs, avec des corps avancés en
bas. Quatre Captifs de bronze, comme enchaînés au piédéstal, en diverses postures, sont aux quatre coins, accompagnés d'un grand nombre de Trophées. Chacun de ces Esclaves a douze
pieds de proportion.

Les quatre principaux bas-reliefs représentent :

1. La Préséance de la France, sur
l'Espagne, en 1662.

2. Le paſſage du Rhin, en 1672.

3. La priſe de la Franche-Comté, en 1668.

4. La Paix de Nimegue, en 1678.

On a fermé ce piédeſtal d'une Grille de fer de ſix pieds de haut. Il y avoit autrefois aux quatre coins, un grand Fanal de bronze, doré d'or moulu, à chacun : ce qui ajoutoit à la place une grande magnificence.

C'eſt *Desjardin* qui a donné les Deſ-ſeins de cette Statuë, & il a été préſent à la fonte.

Outre l'Inſcription qui eſt ſous les pieds de la figure du Roi, on en lit pluſieurs autres autour du piédeſtal, faites par l'Abbé *Regnier Deſmarets*, Secretaire perpétuel de l'Académie Françoiſe.

De la Place de Louis le Grand.

JE ne m'arrêterai point à parler de l'état où a été autrefois cette Pla-ce : l'Hôtel de Vendôme occupoit un eſpace de dix-huit arpens. Louis XIV. en 1687. l'acheta ſix cens ſoixante mille écus. Il fit élever des façades pour former la Place. Tout a été changé ensuite.

En 1699. la Place fut commencée comme elle est à présent, sur les Desseins de *Jules Hardouin Mansart*. Elle est d'ordre Corinthien ; sa figure est un quarré tronqué. Tous les Bâtimens qui forment cette Place, sont très-beaux, & d'une grande apparence.

La longueur de la Place est de 75. toises, sur soixante & dix de largeur. On a remarqué dans le tems qu'on y a fait des Revûes, qu'elle pouvoit contenir dix mille hommes en armes.

Quoique la Place soit si vaste, & d'une si grande beauté, c'est néanmoins la Statuë Equestre de Louis XIV. en bronze, qui est au milieu, qui en fait le plus grand mérite. On la posa le 13. du mois d'Août 1699. Le Roi y est représenté en habit de Héros de l'Antiquité, sans selle & sans étriers.

La Statuë & le Cheval, ont vingt-deux pieds deux pouces de haut : elle a été fondue d'un seul jet, par *Balthasar Keller*, né à Zurich en Suisse, sur les Desseins de *Girardon*. On y a employé quatre-vingt milliers de métail ; cela a couté deux cens mille écus.

Avant que d'être achevé, on a fait l'expérience, dit-on, que vingt personnes pouvoient se tenir dans le ventre du Cheval , autour d'une table.

Le piédestal sur lequel on a posé le Cheval , est de trente pieds de haut, vingt-quatre de long , sur treize de large. Les Cartels & les Ornemens de Bronze qui embellissent ce piédestal, qui est de marbre , sont de *Coustou* le jeune. L'on a fermé depuis peu ce Piédestal d'une Grille de fer.

Il y a autour plusieurs Inscriptions faites par l'Académie Royale des Inscriptions.

La Porte Saint Denis.

CETTE Porte est la plus belle de Paris *François Blondel* en donna les Desseins. Les Inscriptions sont aussi de lui. Elle est de soixante & douze pieds de hauteur , sur autant de largeur. L'ouverture est de vingt-quatre pieds : elle est accompagnée de deux pyramides , chargées de trophées d'Armes. Au bas de ces Pyramides sont deux Statuës Colossales du dessein de *le Brun*. Le dessus est ouvert à la maniere des anciens Arcs de Triomphe. Tel est celui de Titus , qu'on voit encore à Rome , celui de Constantin & d'autres.

On a placé un grand bas-relief sur le ceintre du côté de la Ville, il repréfente le paffage du Rhin : & du côté du Fauxbourg, la prife de Maftric, avec deux Infcriptions.

Girardon avoit commencé les Ornemens de Sculpture ; mais le Roi l'ayant employé ailleurs, *d'Anguier l'aîné* prit fa place.

La Porte Saint Martin.

CETTE Porte a été élevée fur les Deffeins de *Pierre Bullet*, en 1674. Elle eft en forme d'Arc de Triomphe, d'une Architecture en boffages ruftiques vermiculés, avec des bas-reliefs dans les timpans, & un grand entablement. Sa hauteur eft d'environ cinquante pieds, fur autant de largeur, On y lit ces deux Infcriptions :

LUDOVICO MAGNO.

*Vefuntione Sequanifque bis captis,
& fractis Germanorum, Hifpanorum
Batavorumque exercitibus,
Præf. & Ædil. P. C C.
Anno R. S. H. M. DCLXXIV,*

———

LUDOVICO MAGNO,

Quod Limburgo capto impotentes
Hostium Minas ubique repressit.
Præf. & Ædil. P. C C.
Anno M. DC. LXXV.

Les Sculptures qu'on voit sur cette Porte, ont été faites par quatre fameux Maîtres : *Desjardins*, *Marsy*, *le Hongre*, & *le Gros.*

———

La Porte Saint Antoine.

CETTE Porte fut bâtie pour servir d'Arc de Triomphe à Henri II. On l'a embellie beaucoup en 1671. sur les Desseins de *François Blondel*, qui a cependant conservé toujours l'ancienne Porte, & l'ancienne Architecture d'ordre Dorique. Tout l'Edifice a huit toises de hauteur, sur neuf de large. Il y a quantité d'ornemens de Sculpture, & un grand nombre d'Inscriptions, à la mémoire de Louis XIV, que nous ne rapporterons point ici.

La plus belle face est du côté du

Fauxbourg. Les deux Fleuves qu'on y voit, la Seine & la Marne, font fort eftimés. *Jean Gougeon* les avoit faits pour l'ancienne Porte.

La Statue de Louis XIV. qui eft fur le comble, au milieu, eft de *Gerard Van Obftal*, Sculpteur Flamand; de même qu'Apollon & Cérès fur les Frontons.

Les deux Statuës des Niches font *d'Anguier l'aîné*. Cette Porte, tout enfemble, a de la magnificence & de la beauté.

La Porte Saint Bernard.

CEtte Porte a pris le nom d'un Couvent de Bernardins qui eft dans le voifinage. Elle a dix toifes de hauteur, fur huit de large. *François Blondel* en donna les Deffeins en 1670.

Du côté de la Ville, on voit dans un grand relief, Louis XIV. par *Tuby*, répandant l'Abondance fur fes Sujets, avec cette Infcription :

LUDOVICO MAGNO,
Abundantia parta.
Præf. *&* Ædil. *poni C. C.*
Anno R. S. H. M. DC. LXXIV.

L'autre bas-relief du côté du Fauxbourg, est du même *Tuby*; il représente Louis XIV. sous la figure d'une
Divinité, tenant le gouvernail d'un
navire, & cette Inscription au-dessus:

LUDOVICI MAGNI
Providentiæ
Præf. & Ædil. poni C. C.
Anno R. S. H. M. DC. LXXIV.

Les six Statuës placées sur les Piles,
sont du même *Tuby.*

DES PONTS.

Nous ne parlerons ici que des
Ponts les plus remarquables, sçavoir:

Le Pont-Neuf.
Le Pont Royal.
Le Pont Notre-Dame.

Les deux premiers sont non-seulement d'une grande commodité à la
ville de Paris, mais ils en sont aussi une
grande partie de l'ornement. En effet,

le Pont-Neuf, & le Pont-Royal, font
des plus beaux qu'on puiſſe voir en Europe. La régularité, & la ſolidité de
la conſtruction : les vûes qu'on y découvre, le concours continuel des Paſ-
ſans, tout contribue à les rendre admirables.

Du Pont-Neuf.

IL fut commencé en 1578. ſous le
Regne d'Henri III. & ſous la conduite de *Jacques Androuet du Cerceau.*
Les guerres civiles ayant fait diſconti-
nuer cet ouvrage, il ne fut achevé
qu'en 1604. par les ordres d'Henri IV.
qui ſe ſervit de *Guillaume Marchand*
pour Architecte.

Ce Pont eſt de 170. toiſes de longueur, ſur douze de largeur, qui eſt
partagée en trois parties. Celle du milieu, qui ſert pour les caroſſes & les
autres voitures, a cinq toiſes ; & les
deux trotoirs, ou banquettes, qui ſer-
vent pour la commodité de ceux qui
vont à pied, occupent le reſte.

Il eſt formé de douze Arches, cinq

du côté des Augustins, & sept du côté du Louvre.

La Statuë Equestre d'Henri IV. fait un grand ornement à ce Pont. Elle fut posée en 1635. Le Cardinal de Richelieu fit achever l'ouvrage que Louis XIII. avoit fait commencer.

Les quatre figures en bronze d'Esclaves enchaînés, aussi-bien que les bas-reliefs, qui représentent les principales actions d'Henri IV. ont été dessinées & jettées par *Francaville*.

La figure du Roi est d'un Sculpteur appellé *Dupré*; Mais le Cheval est de *Jean de Boulongne*, éleve du fameux Michel-Ange. C'est un don que Cosme II. Grand-Duc de Toscane, fit à Marie de Médicis, pour lors Régente.

Le petit Edifice de la Samaritaine mérite quelque attention. On y peut entrer pour observer la Pompe, par le moyen de laquelle on fournit de l'eau au Louvre, & à plusieurs autres endroits de la Ville.

Ce Bâtiment a été achevé en 1715. sur les Desseins de *de Cotte*; celui qui y étoit du tems d'Henri IV. ayant été détruit en 1712. *Bertrand* a fait la figure de Notre-Seigneur, au-dessous de l'Horloge ; & *Fremin* celle de la Samaritaine. Ces deux figures, aussi-bien que le Bassin qui est au milieu, sont de métail en couleur de bronze ; le tout est parfaitement bien travaillé.

Du Pont Royal.

CE Pont n'est pas si orné que le Pont-Neuf ; mais il est tout au moins aussi solide, & il ne jouit pas d'une vûe moins agréable.

Il a été bâti en la place d'un Pont de bois, qu'on appelloit le *Pont-Rouge*.

Le Dessein est de *Jules Hardouin Mansart* ; & *Frere François Romain*, Jacobin, conduisit l'ouvrage, qui fut commencé en 1685.

La longueur formée sur cinq Arches, est d'environ soixante & dix toises, sur huit toises & quatre pieds de large, avec des trotoirs, à l'imitation de ceux du Pont-Neuf.

Du Pont Notre-Dame.

LE Pont Notre-Dame fut conſtruit en 1507. ſous la conduite de *Jean Joconde*, Coɪdelier Veronois. Il y avoit à la place un Pont de bois, qui tomba en 1499.

Ce Pont eſt chargé de maiſons, dans toute ſa longueur : il y en a trente-quatre de chaque côté. Les faces extérieures de ces maiſons, ſont ornées de grands Termes, qui ont ſur leurs têtes des Corbeilles de fleurs & de fruits. Entre ces Termes il y a des Médaillons, où ſont repréſentés les Rois de France. Leur nom, & le tems de leur avénement à la Couronne, eſt en François, & la Deviſe eſt en Latin. Il s'en faut beaucoup que ces ouvrages ſoient dans leur entier.

La Porte quarrée d'ordre Ionique, qu'on voit au milieu du Pont, conduit à la Pompe. Ce ſont deux machines hidrauliques, qui élevent l'eau de la Seine de 80. pieds, pour la diſtribuer enſuite à dix-ſept ou dix-huit Fontaines. On doit tâcher de les voir.

Le deſſein de la Porte eſt de *Bulet*,

& les bas-reliefs qui repréſentent un Fleuve & une Nayade, ſont de *Jean Gougeon*. L'Epigramme qu'on lit au-deſſus de la Porte, gravé ſur un marbre noir, eſt de la compoſition de *Santeüil*.

Sequana cum primum Reginæ allabitur Urbi,
Tardat præcipites ambitioſus aquas.
Captus amore loci, curſum obliviſcitur; anceps
Quo fluat, & dulces nectit in urbe moras.
Hinc varios implens, fluctu ſubeunte canales,
Fons fieri gaudet, qui modo flumen erat.

Quelques Auteurs ont trouvé cette Epigramme auſſi belle que celle que *Sannazar* fit pour la ville de Veniſe. Séroit-ce un crime que de la rapporter ici ?

Viderat Hadriacis Venetam Neptunus in undis
Stare Urbem ; & toti ponere jura mari ;
Nunc mihi Tarpeias quantumvis, Jupiter, arces

*Objice : & illa tui mœnia Martis ,
    ait.*
*Si Pelago Tibrim præfers Urbem aspice
    utramque ,*
*Illam Homines dices , hanc posuisse
    Deos.*

Il y a dans Paris plusieurs autres Ponts, les uns avec des maisons, comme le Pont au Change, le Pont Saint Michel, &c. Les autres sans Bâtimens dessus ; le Petit-Pont, le Pont de la Tournelle, le Pont de Bois, &c.

On peut se contenter du peu que nous venons de dire sur cette matiere.

De la Fontaine des SS. Innocens.

Quoiqu'il y ait des Pays plus riches que Paris en belles Fontaines, aucune cependant ne l'emporte en travail, sur celle des SS. Innocens. Elle a été élevée en 1550. Les Curieux peuvent aller la voir rue Saint Denis. Cet ouvrage, tout endommagé qu'il est, doit être regardé comme une chose de conséquence. Le dessein de l'Architecture est de l'Abbé de *Clagny*, le même qui

a donné ceux du Louvre. Les excellens bas-reliefs qui représentent des
Nayades en différentes attitudes, sont
de *Jean Gougeon.*

De la Fontaine, rue de Grenelle, Fauxbourg S. Germain.

LA ville de Paris, posée sur une
Proüe de vaisseau, est représentée à l'entrée d'un Palais, formée par
des Colonnes Ioniques, surmontées
d'un fronton. La Seine & la Marne
négligemment appuyées sur leurs Urnes, sont placées, l'une à sa droite, &
l'autre à sa gauche. Ces trois figures
groupent ensemble, & sont de marbre
blanc. Les figures des quatre Saisons
sont placées dans des niches avec des
bas-reliefs au-dessous. Ces quatre figures sont de pierre de Tonnere. L'eau
des Urnes forme une nape d'eau, scul-
ptée en marbre. Cette magnifique Fontaine est du Dessein du célebre *Bou-
chardon.* La beauté du Dessein, & la
légereté des Draperies, immortaliseront
leur Auteur. Cette Fontaine a été commencée en *1739.*

Du Château d'Eau, vis-à-vis le Palais Royal.

PHILIPPE d'Orléans, Régent de France en 1719. fit abattre de vieilles maisons qui bornoient la vûë de l'entrée de son Palais, & fit élever en place, sur les Desseins de *de Cotte*, premier Architecte du Roi, un corps de Bâtiment, que l'on nomme le *Château d'Eau*, où il y a des Réservoirs d'eau de la Seine & d'Arcueil, pour en fournir au Palais Royal & aux Thuilleries. L'Architecture de ce Bâtiment est en Bossages Rustiques vermiculées, flanquée par deux Pavillons de même symétrie. Le tout a vingt toises de face ; il y a au-dessus deux fort belles Statuës à demi couchées, lesquelles sont de *Coustou* le jeune, & représentent, l'une un Fleuve qui est la Seine, & l'autre une Nymphe, qui est la Fontaine d'Arcueil. Au bas est une niche en forme de Coquille, où est un Robinet ou Fontaine, avec une inscription au-dessus, sur un marbre noir.

L'Hôtel

L'Hôtel de Ville.

CEt Hôtel n'a pas beaucoup de choses remarquables : Il fut commencé en 1533. sous le Regne de François I. *Dominique de Cortone* en donna les Desseins.

La Statuë Equeftre d Henri IV. qui eft au-deffus de la Porte, eft de *Pierre Biard*, qui étoit difciple de Michel-Ange.

La Statuë Pedeftre de Louis XIV. en bronze, qu'on voit dans le fond de la cour, eft faite par *Coyfevox*.

L'on paye en cet Hôtel tous les jours 100000 livres & plus, pour les rentes fur les Aydes & Gabelles.

Cet Hôtel a été le logement d'un Roi de France ; dans les deffous, font de vaftes Salles voûtées, d'une conftruction très-curieufe, où fe ferrent les Vins de l'Etape.

On voit dans les Appartemens plufieurs Portraits par *Porbus*, *Bobrun*, *l'Argilliere*, *de Troy*, &c.

⊷§§⊶

De la Bastille.

IL n'y a qu'un seul jour dans l'année, qui est celui de l'Octave de la Fête-Dieu, que la Bastille est ouverte pour tous ceux qui veulent la voir. Cette grande masse de Bâtiment est composé de huit grosses Tours, & d'autres Fortifications. On croit que la Bastille a été bâtie l'an 1369. sous le Regne de Charles V. pour défendre Paris des courses des Anglois. On y fit en 1634. les fossés & le rempart, qui l'entourent,

Ce Château ne sert à présent qu'à y tenir des Prisonniers d'Etat. Ceux qui sont moins gardés à vûe, peuvent se promener dans un grand Jardin, qui est dans l'enceinte du Bâtiment.

C'est dans la Bastille où l'on conserve les Armes. Le Magazin en est assez curieux.

Le Gouvernement de la Bastille est considerable, & il est ordinairement confié à un homme de mérite & de probité. Il y a un Gouverneur, un Lieutenant de Roi, & un Lieutenant de la Compagnie du Gouverneur, composée de soixante soldats, avec Sergens, Tambours & Drapeaux; un Chapelain, un Médecin, un Apoticaire, & Chirurgien-Major.

L'Arsenal.

C'EST ordinairement dans l'Arsenal que l'on fond l'Artillerie du Royaume, & que l'on conserve les Poudres; mais dans celui de Paris, l'on n'y travaille qu'accidentellement. Charles V. fit bâtir l'Arsenal en même tems que la Bastille. Il est occupé à présent par le Grand-Maître de l'Artillerie, & une grande Partie des Officiers. Le grand Sallon est remarquable à cause des Peintures de *Mignard*.

Le Jardin de l'Arsenal sert de promenade au Public.

Le Palais des Thermes, ruë de la Harpe.

LE Chapitre des Antiquités pourroit être le plus étendu de tous ; puisque cette matiere a fourni des volumes entiers à plusieurs Auteurs. Le R. P. de Montfaucon a donné les monumens de la Monarchie Françoise. Du Breuil a écrit les Recherches & les Antiquités de Paris, & plusieurs autres ; on peut lire ces Auteurs. Mais nos Voyageurs, même les moins curieux, ne sçauroient se passer d'aller voir le Palais des Thermes, comme le morceau le plus curieux qu'il y ait en France en ce genre.

C'est le reste d'un Palais que l'Empereur Julien, surnommé l'Apostat, avoit fait élever vers l'an 356. ou 357. Il paroît par ce qu'il en reste, avoir été bâti sur le même modéle que les Bains de Diocletien. La beauté de ce Bâtiment ne consiste pas moins dans la correction, & dans le goût, que dans la grande solidité, puisqu'au-dessus des voûtes, on y fait de grands Jardins, où l'on entre par le quatriéme étage de l'Hôtel de Clugny.

Les restes de cet ancien Edifice sont plusieurs Arcs ; & au fond, une grande Salle. Elle est fabriquée d'une espece de mastic, dont on ne connoît pas à présent la composition, avec des petits grais quarrés, & des briques.

Adrien de Valois, *Dissertatio de Basilicis quas primi Francorum Reges condiderunt*, croit que plusieurs Rois de la premiere Race, avoient fait leur séjour en ce Palais. Le P. Mabillon, dans son Traité de la *Diplomatique*, est de même sentiment. En effet, on trouve plusieurs Chartes des premiers Rois, dattées du Palais des Thermes.

On y entre par une vieille maison, rue de la Harpe, à l'enseigne de la Croix de Fer.

L'Observatoire Royal.

LOUIS XIV. fit élever ce Bâtiment en 1667. sur les desseins & sous la conduite de *Claude Perrault*, & il fut achevé en trois ans de tems. On y entretient, aux dépens du Roi, des

Astronomes, pour y faire leurs Obser-
vations. M. *Cassini*, de l'Académie
Royale des Sciences, & le plus illustre
Astronome y fait sa demeure. On sçait
assez les progrès que les Mathématiques ont fait en France depuis quelques
années.

Ce Bâtiment est remarquable autant
pour sa singularité, que par sa solidité.
L'Escalier est une des belles choses à y
observer. On n'a employé dans tout
l'Edifice ni bois ni fer, mais seulement
des pierres de taille.

Il y a autant à monter du rez-de-
chaussée à la plate-forme, qu'il y a à
descendre pour aller aux fondemens.
L'escalier est de cent soixante & onze
degrés.

On conservoit dans les Salles plusieurs modéles de Machines inventées
par des Messieurs de l'Académie, &
plusieurs instrumens de Mathématiques. Le Miroir ardent est un des meilleurs que j'aye vû, quoiqu'il ne soit pas
des plus grands. Toutes ces choses sont
actuellement au Jardin Royal.

DES HÔPITAUX.

L'Hôpital - Général.

IL y a dans Paris plusieurs Hôpitaux, où les Pauvres & les Infirmes sont assistés avec beaucoup de charité. On dit que dans le seul Hôtel-Dieu, il y a ordinairement près de trois mille malades : son revenu est , dit-on , de quatre millions ; mais on ne voit gueres par curiosité que l'Hôpital-Général , pour la quantité de monde qu'il y a ; & les petites Maisons , pour les Fous qu'on y garde.

On renferme dans les trois Maisons de l'Hôpital-Général jusqu'à dix , ou onze mille personnes. Il y a presque trois mille filles , qui apprennent à travailler, les unes aux Dentelles, les autres à Broder, & à la Tapisserie. Ce sont pour la plûpart des Enfans Trouvés.

La fondation en est dûe au Président de Belliévre, & à M. Fouquet. L'Edit du Roi pour l'établissement, est de 1656. L'Archevêque de Paris, le Premier Président, & le Procureur Géné

P iiij

ral , font les Chefs nez de cet Hôpital.

L'Eglife, qui eft du deffein de *Liberal Bruant*, eft affez grande , & affez belle.

L'Hôpital des petites Maifons.

DANS cet Hôpital, il n'y a de curieux à voir que des Fous & des Folles. Il fut établi en 1557. Monfieur le Procureur Général en eft le Directeur en Chef.

DES PROMENADES PUBLIQUES.

IL y a à Paris plufieurs Promenades publiques , qui font dans la belle faifon un agréable Spectacle. C'eft-là, où les Dames vont pour voir, & pour fe faire voir :

Ut videant veniunt, veniunt fpectentur
ut ipfæ.

Ces Promenades font :
Le Jardin des Thuilleries.
Le Cours , pour fe promener en Caroffe.

Le Jardin de Luxembourg.
Le Jardin du Palais Royal.
Le Jardin de Soubize.
Le Jardin du Roi.
Le Jardin de l'Arſenal.
Le Jardin du Temple.
Le Jardin de l'Archevêché , près Notre-Dame.

Outre cela , la Place Royale, autour de l'Hôtel de Bretonvilliers , & ſur les Quays, où beaucoup de monde ſe promene ſur le ſoir.

Nous avons parlé de ces Jardins , en parlant de leurs Hôtels.

On doit ſe ſouvenir des Plantes & des Simples étrangeres qu'on conſerve dans le Jardin Royal. Il y a des Profeſſeurs de Botanique, de Chymie, & d'Anatomie.

Dans les Promenades publiques, ſoit à pied , ſoit en caroſſe , on ne ſaluë qu'une ſeule fois.

Les Princes & Princeſſes du Sang, & les Miniſtres Etrangers , prennent la file du milieu au Cours-la-Reine.

DES SPECTACLES.

IL y a à Paris trois Théatres; celui de l'Opera, au Palais Royal; celui de la Comédie Françoise, au Fauxbourg Saint Germain; & celui de la Comédie Italienne, rue Mauconfeil.

Il y en a auffi un pour l'Opera Comique, à la Foire Saint Germain, & à celle de Saint Laurent. Pour le Théatre du Louvre, il n'eft à préfent d'aucun ufage. Nous en avons parlé ailleurs.

Le Cardinal de Richelieu fit conftruire un Théatre dans fon Palais, où fe repréfente l'Opera aujourd'hui; on dit même que ce fut pour y faire jouer une Piéce Dramatique qu'il avoit compofée. Elle ne parut pourtant que fous le nom de *Jean Defmarets de Saint Sorlin.*

Le Théatre eft aujourd'hui au Roi, & il en a accordé le Privilege à quelques Particuliers, qui font faire les repréfentations à leurs dépens, & à leur profit. L'on dit que le revenu monte à plus de 200000 liv. par an; mais les deux tiers s'en vonten frais.

C'est le Secretaire d'Etat, qui a dans son Département la ville de Paris, qui a l'inspection sur les Acteurs, & les Actrices de l'Opera.

Il y a plus de deux cens personnes à entretenir : les unes chantent, les autres dansent ; les autres jouent des instrumens. Tous sont payés par le Directeur. Les pensions qu'on leur donne, ne sont pas considérables.

L'usage des Opera n'a commencé à Paris qu'en 1669. que l'Abbé Pierre Perrin, qui avoit été Introducteur des Ambassadeurs auprès de Jean Gaston Duc d'Orleans, en obtint le Privilege du Roi. On ne représente l'Opera dans l'endroit d'à-présent, que depuis l'an 1673. car ce Théatre avoit été depuis 1561. jusqu'à ce tems-là, aux Comédiens François. Ceux-ci, après la mort de Moliere, changerent de place, & céderent la Salle du Palais Royal, aux Acteurs de l'Opera, qui étoient auparavant dans la rue de Vaugirard, près le Luxembourg.

Les Opera se représentent ordinairement quatre fois la semaine en hyver ; sçavoir, le Dimanche, le Mardi, le Jeudi, le Vendredi ; & trois fois en Eté.

Le prix est d'une pistole aux Balcons; sept livres dix sols aux premieres Loges & à l'Amphitéatre; quatre livres aux secondes Loges, & quarante sols aux Troisiémes, & au Parterre.

Il y a eu un usage remarquable aux Théatres de Paris, que si quelqu'un vouloit sortir avant que le premier Acte fût fini, il pouvoit se faire rendre son argent. Cet usage est aboli.

Les Comédiens François se reglent autrement que les Acteurs de l'Opera. Ils n'ont point de Directeur, mais ils partagent journellement entr'eux l'argent qu'ils gagnent.

Toute la Troupe est composée de trente Comédiens & Comédiennes; tous sont très-richement habillez, & mieux que dans aucun autre pays. C'est dommage que le Théatre & les Décorations ne répondent pas à la magnificence des habits, & à la bonté des Piéces qu'on y joue; comme les Tragédies de Corneille & de Racine, les Comédies de Moliere, &c.

On représente tous les jours à la Comédie Françoise, excepté quinze jours avant Pâques, & huit après. On donne ordinairement pour clôture & pour rentrée du Théatre, une Piéce sacrée Polieucte, par exemple, ou quelque autre. On donne aussi relâche au Théatre les grandes Fêtes.

L'on paye quatre livres au Théatre, Amphitéatre, & premieres Loges; quarante sols aux secondes Loges; trente sols aux troisiémes Loges; vingt sols au Parterre.

Le Théatre n'est pas bien grand; il n'est composé que de trois rangs, dont chacun a trente Loges, & chaque Loge peut contenir huit personnes; le Parterre peut en contenir six à sept cens; le Théatre & l'Amphitéatre trois cens.

On avoit autrefois à Paris trois Théatres pour la Comédie Françoise.

La Comédie Italienne est dans la rue Mauconseil, à l'Hôtel de Bourgogne. Il est ainsi appellé, parce que les anciens Ducs de ce nom y faisoient leur séjour. Il fut donné à une Confrérie qu'on appelloit, *de la Passion*, pour y représenter les Mysteres de notre Religion. Après cette Confrérie, l'on y mit les Comédiens François; & enfin les Comédiens Italiens.

Le prix qu'on paye à la Comédie Italienne, est le même que celui de la Comédie Françoise,

Les Comédiens Italiens avoient été bannis du Théatre pendant plus de vingt ans, à cause de la trop grande liberté avec laquelle ils parloient de tout le monde, même des personnes les plus considérées à la Cour. Ils furent rappellés après la mort de Louis XIV. par la permission du feu Duc Régent, & ils en portent le titre : *Troupe Italienne de S. A. R. le Duc d'Orleans.*

Il y a à la Foire de saint Laurent, & à celle de saint Germain, un Théatre pour l'Opera Comique.

Outre les Spectacles ordinaires, les Ecoliers des Jesuites, au College de Louis le Grand, représentent tous les ans, au commencement du mois d'Août, une Tragédie en latin. Le Théatre se fait dans la grande Cour, & il est orné des plus belles Décorations. Les Acteurs, qui sont les Ecoliers mêmes, sont parés des plus riches habits ; & il y vient les meilleurs Acteurs de l'Opera, soit pour danser, soit pour l'orquestre. Il y va une quantité prodigieuse de monde ; à tous égards, je crois que le spectacle en mérite la peine.

DES MANUFACTURES.

Les Gobelins.

LEs Tapisseries qui sortent de cette Manufacture, sont d'une beauté achevée. Tous les Pays Etrangers tâchent de s'en fournir, même les Flamands, qui travaillent si bien chez eux en ces sortes d'Ouvrages.

Un nommé *Gobelin*, fameux Teinturier de Reims, vint s'établir dans cet endroit, sous le Regne de François I. La Maison en a retenu le nom depuis. Monsieur Colbert en 1667. y fit établir une Manufacture Royale, comme on lit sur la principale entrée : *Manufacture Royale des meubles de la Couronne.*

Il y a eu autrefois jusqu'à huit cens Ouvriers en Peinture, & Sculpture, Orfévrerie, Broderie, &c. le fameux *le Brun* en étoit le Directeur. Quoique le nombre n'en soit pas à présent si considérable, il y a toujours d'habiles Maîtres.

On n'y voit que les Tapisseries de haute & basse Lice, qui sont actuellement sur le métier. Dans les seuls jours de la Fête de Dieu, on y voit des Tapisseries anciennes & modernes , plusieurs desquelles sont relevées en or , & de desseins parfaits.

On y voit aussi quelques Ouvrages de Peinture , sur lesquels on travaille pour les faire.

La Teinture en Ecarlate qu'on fait près délà chez M. *de Julienne*, est très-renommée. On l'attribue à la qualité de l'eau d'une petite riviere qu'on appelle *la Biévre* , qui est tout proche.

Le sieur *Dagly*, Liégeois , fait un Vernis maniable , dont il est l'Inventeur , presque aussi beau que celui de la Chine.

Il y a dans la Maison des Gobelins une Académie pour le Dessein. On y expose un Modele comme à l'Académie de Peinture au Louvre.

Les Ouvriers qui travaillent dans cette Manufacture , ont de grands Privileges, de même que les Apprentifs.

Les plus fameux Maîtres qui y travaillent, sont *Jans* & le *Févre* , pour les Tapisseries. *Kercoven* pour la Teinture en soye & en laine ; *Parocel*, Peintre. Les *Martins*, Peintres des Batailles ,

les, éleves du fameux Vandermeulen
Audran, Graveur. M. *Chattelain*,
habile Peintre pour le Payſage, eſt
Controlleur.

Manufactures des Glaces au Fauxbourg S. Antoine.

EN l'an 1666. J. B. Colbert, dont
nous avons ſouvent parlé, établit
cette Manufacture. Auparavant les
François tiroient les Glaces de Veniſe.

Dans cette Maiſon, on ne fait que
polir les Glaces, & y mettre le vif-ar-
gent. La fonte ſe fait à Cherbourg &
à ſaint Gobin.

On attribue aux François l'invention
de fondre le Verre pour faire les Glaces : à préſent le ſecret eſt connu dans
différens pays;

On a fait des Glaces de la hauteur de
120. pouces.

Il faut ſe ſouvenir d'aller voir les Ouvriers qui travaillent à mettre le vif-
argent aux Glaces.

Le nombre des gens qui travaillent
à préſent dans cette Manufacture, eſt
très-conſidérable.

I. Partie.   Q

Manufacture des Tapis à la Savonerie de Chaillot, près Paris.

DANS cet endroit, l'on travaille des Tapis à la maniere de Turquie & de Perse. Ces Ouvrages font comparables à ceux qui viennent de ces lieux.

Cette Manufacture fut établie en 1604. en faveur de *Pierre du Pont*, qui avoit formé ce deffein. *Simon Lourdet* lui fuccéda en 1626. & l'un & l'autre obtinrent des Lettres de Nobleffe en confidération de la beauté de leurs Ouvrages. C'eft la feule Fabrique qu'il y ait en Europe pour ces fortes d'Ouvrages.

Les Bâtimens de cette Manufacture, ainfi que le porte l'Infcription gravée fur un marbre noir au-deffus de la porte, ont été réparés en 1713. par les ordres de M. le Duc d'Antin, Directeur Général des Bâtimens & Manufactures du Royaume.

La Chapelle eft fous l'Invocation de faint Nicolas, & a été bâtie fous les ordres de Marie de Médicis en 1615.

La Manufacture de la Verrerie, qui étoit ci-devant près cet Etablissement, ne subsiste plus.

DES BIBLIOTHEQUES.

IL n'y a pas de Pays plus riche en Bibliothéques que Paris. Les François aiment beaucoup à lire : le beau Sexe même se fait un grand amusement de la lecture ; ainsi chacun tâche de ramasser des Livres. Nous nous arrêterons seulement aux Bibliothéques les plus belles & les plus riches qu'on trouve en cette Ville, sçavoir :

La Bibliothéque du Roi.

Celle de Sainte Geneviéve.

Celle du Collége Mazarin, autrement dit les Quatre Nations.

Celle des Jesuites, ruë S. Jacques.

Celle des mêmes P. P. ruë S. Antoine.

Celle de l'Abbaye S. Germain.

Celle de S. Victor.

Celle de Sorbonne.

Celle des Petits Peres.

Celle des Prêtres de la Doctrine
   Chrétienne.
Celle des Avocats.
Celle des Prêtres de l'Oratoire.
Celle du College de Navarre.
Celle des Céleſtins.
Celle des Jacobins, ruë S. Honoré.
Celle de M. le Cardinal de Rohan.
Celle de M. de Boze.

De la Bibliothéque du Roi.

LA Bibliothéque du Roi eſt non
ſeulement la premiere du Royau-
me : mais peut-être eſt-elle auſſi une des
plus riches & des plus nombreuſes de
l'Europe.

Quelques Auteurs ont attribué le
commencement de cette Bibliothéque
à Charlemagne ; mais ils ne parlent que
par conjectures.

Ce qui eſt certain, c'eſt que le Roi
Jean laiſſa à Charles V. ſon fils, un petit nombre de Livres conſidérables
pour ce tems-là. Charles V. l'augmenta juſqu'au nombre de 900. Volumes,
& Charles VI. ſon ſucceſſeur, y en
ajouta d'autres. On conſervoit ces Li-

vres dans une tour du Louvre, qu'on appelloit *la Tour de la Librairie.*

De tous ces Livres, il ne s'en trouve maintenant dans la Bibliothéque du Roi que cinq ou six; car outre les autres accidens arrivés, le Duc de Betfort, Régent du Royaume pour les Anglois, les emporta tous en Angleterre en 1423.

Les Successeurs de Charles VII. jusqu'à François I. se formerent une nouvelle Bibliothéque : François I. trouva 2000. volumes, & il l'augmenta considérablement.

Catherine de Médicis dépouilla la Bibliothéque de Florence de très-rares Manuscrits, & enrichit celle-ci. En effet, j'ai vû dans la Bibliothéque du Roi d'excellens Manuscrits Italiens, sur-tout de nos premiers Poëtes, comme *Dante, Petrarque,* &c.

Mais tout ce que les autres Rois ont fait pour cette Bibliothéque, est censé peu de chose, en comparaison de ce que Louis XIV. y a donné de trésors & de richesses. Les François ont raison d'appeller le tems de ce fameux Monarque, le siécle d'Auguste, comme les Italiens appelloient celui de Leon

X. dont ils ont perdu à présent entiè-
rement le souvenir.

Cette Bibliothéque est ouverte au Public les Mardi & Vendredi au matin,
depuis neuf heures jusqu'à midi.

On dit que cette Bibliothéque contient plus de 100000. volumes imprimés, & plus de 40000 volumes manuscrits. Elle a été enrichie des Manuscrits des Comtes de Brienne & de
Bethune, de Messieurs de Gaignieres,
d'Hozier, Baluze, de M. le Tellier,
de M. Colbert, d'une quantité de Manuscrits Grecs & Orientaux, acquis
dans les Pays Etrangers par ordre du
Cardinal de Fleury, de la Bibliothéque de S. Martial de Limoges, & de
celle de M. de Cangé, sans compter ce
que l'on y ajoute continuellement.

Outre ce grand nombre de Livres
qu'il y a à présent dans la Biblothéque
du Roi, & les fonds pour en acheter
tous les ans, on doit encore y fournir
deux exemplaires de tout ce qui s'imprime dans le Royaume par Privilege
du Roi : ainsi il est sûr qu'elle devien-
dra la Bibliothéque la plus considérable
de l'Europe.

On y voit entr'autres, une Bible Laüne *in folio*, manuscrite, sur du parchemin vierge, en lettres d'or, embellies de Figures, dite *la Bible de Charles le Chauve* : l'on croit qu'elle a plus de 900. ans. Le deuxiéme Tome du Nouveau Testament, grand *in-4°*. Quelques-uns veulent que le premier Tome soit à Cambridge en Angleterre: l'un & l'autre Volume passent pour avoir plus de 1200. ans. Les Epîtres de saint Paul, écrites en lettres *Unciales* ; ce qui prouve l'antiquité du Manuscrit, que l'on compte être d'environ 1200. ans. Les Homélies de S. Grégoire de Nazianze, écrites vers le neuviéme siécle, avec de très-belles Peintures pour ce tems. Un Manuscrit de Tertullien, qui a appartenu à Agobard, Archevêque de Lyon, qui vivoit dans le neuviéme siécle. La Bible Latine, deux volumes *in-folio*, imprimée à Mayence l'an 1462. Le Breviaire & le Missel Mosarabes, & quantité d'autres Livres imprimés, & Manuscrits très-rares : *Pauperis est numerare pecus.*

Outre les Livres, on y voit quantité d'autres curiosités. Un Buste en marbre d'Isis, ancienne Divinité des Parisiens, deux Lacrymatoires de crystal, &c.

On y garde comme une chose des plus précieuses, le Tombeau de Childeric, quatriéme Roi de France, composé de diverses Médailles d'or, d'anneaux, & d'autres antiquités. Ce Tombeau fut trouvé sous terre l'an 1653. à Tournai, par des Pionniers qui travailloient aux Fortifications. L'Empereur Leopold en fit présent à Jean-Baptiste de Shomborn, Archevêque & Electeur de Mayence; celui-ci le donna à Louis XIV. l'an 1664.

Il y a deux Catalogues manuscrits; le premier contient les noms des Auteurs, en 22. volumes *in-folio*; & l'autre, les titres des Livres, en 14. volumes *in-fol.* L'on imprime actuellement le Catalogue des Manuscrits & des Imprimés, séparément l'un de l'autre; il y en a déja sept volumes d'imprimés.

On voit dans un Cabinet à part, une Collection prodigieuse d'Estampes, depuis le commencement de la gravûre, & une Histoire naturelle peinte en miniature, sur ve'in, qui compose quarante-deux volumes. La garde en est confiée à M. *de la Croix.*

Les deux Globes qui sont dans le même endroit, ont douze pieds de diamétre.

tre. Je n'en ai vû aucune part de si beaux, ni de si grands. Le Cardinal d'Estrées les donna à Louis XIV. & il les avoit fait faire par le *P. Coronelli*, Cordelier Vénitien. On a vû long-rems ces mêmes Globes à Marly, avant qu'ils fussent portés à Paris.

Le fameux Cabinet des Médailles & des Antiques, qui étoit autrefois dans cette Bibliothéque, est actuellement à Versailles.

Le Bibliothécaire est Monsieur *Bignon*, Maître des Requêtes; son nom lui servira d'éloge. M. l'Abbé *Salier* est Garde des Livres imprimés, & M. *Melot* l'est des Manuscrits.

Les Galleries où sont les Livres imprimés, sont ouvertes au Public le mardi & le Vendredi matin.

De la Bibliothéque de Sainte Geneviéve.

CETTE Bibliothéque, une des plus belles qu'il y ait en Europe, tant pour le vaisseau, que pour le choix & la quantité des Livres, est composée de 50000. volumes, Maurice le Tellier, Archevêque de Reims, qui mourut en

I. *Partie.* R

1710. a légué à ce Couvent sa Bibliothéque, qui étoit composée de 17000.
volumes, la plûpart rares & recherchés.
On en a un Catalogue imprimé *in-folio.*

Cette nombreuse Bibliothéque, telle
qu'on la voit aujourd'hui, n'est que la
Collection de peu d'années. En 1624.
lorsque le Cardinal de la Rochefoucault, Abbé Commendataire de sainte
Geneviéve, y fit venir des Chanoines
Réguliers de saint Vincent de Senlis,
on n'y trouva aucuns Livres. Les P. P.
Fronteau & Lallemand, sont les Fon-
dateurs de cette Bibliothéque, & le P.
du Moulinet a continué à l'enrichir.

Le beau Vaisseau où sont placés ces
Livres, n'a été achevé qu'en l'année
1733. Il est d'un dessein & d'une invention remarquable. les Peintures du
dôme sont de *Jean Restout,* neveu &
éléve du fameux *Jouvenet,* lequel s'en
est acquité avec de grands éloges. La
perspective est du sieur *de la Joüe,*

Il y a dans cette Bibliothéque un
Horloge très-curieux à onze Quadrans;
sçavoir, les sept Planetes, le Quadran
des heures, l'Astrolabe, la tête du Dragon, & le Quadran de la Lune.

Le Cabinet des Raretés que ces Pe

res ont, est aussi estimable que la Bibliothéque. On y trouve tout ce qu'il y avoit de plus précieux dans le Cabinet de M. Peiresc, dont Gassendi a écrit la vie : le Conge qu'on y voit, est copié d'après l'Antique, qu'on voit à Rome, dans le Palais Farnèse. On sçait que c'étoit la mesure principale des Romains, & que du temps des Empereurs, on le conservoit dans le Capitole.

Je ne m'étendrai pas beaucoup sur le détail de ce Cabinet ; le Pere *du Moulinet*, Bibliothécaire, en ayant donné la Description en un volume *in-folio*, imprimé en 1692.

Je remarquerai seulement que des quatre cens Médailles des Papes qu'on y voit en bronze, depuis Martin V. jusqu'à Innocent XI. la plus grande partie des premieres sont modernes, & non pas du tems des Papes mêmes.

De la Bibliothéque des Quatre Nations.

LA Bibliothéque du Collége Mazarin, dit des Quatre-Nations, est composée d'environ 40000. volumes.

C'eſt de la Fondation du Cardinal Mazarin, &, en partie, du ſoin de Gabriel Naudé, ſon Bibliothécaire, après la mort duquel il fit acheter la Bibliothéque.

Cette Bibliothéque a été fort riche en Manuſcrits, mais à préſent ils ſont tous dans la Bibliothéque du Roi.

Elle eſt ouverte pour le Public deux fois par ſemaine, le Lundi & le Jeudi, matin & ſoir.

L'Egliſe de ce Collége mérite la peine d'être vûe, ſur-tout pour le Tombeau du Cardinal Mazarin. Nous en avons parlé ailleurs.

De la Bibliothéque des Peres Jéſuites, rue S. Jacques.

LA Bibliothéque des PP. Jéſuites, rue S. Jacques, eſt compoſée d'environ 50000. volumes fort bien choiſis, & parmi leſquels on trouve beaucoup de Livres très-rares.

Monſieur Fouquet, Miniſtre d'Etat, a laiſſé à cette Bibliothéque une penſion annuelle aſſez conſidérable; les Livres qu'on achete de cet argent, ſont

marqués sur le dos FF. *François Fou-*
quet.

Il y fut joint en 1718. la Bibliothéque du Comte de Harlay , Conseiller
d'Etat, composée d'environ vingt mille
volumes.

Bibliothéque des mêmes Peres,
rue Saint Antoine.

LEs PP. Jésuites ont encore une
autre Bibliothéque à la Maison
Professe , rue saint Antoine , composée
de 20000. volumes. La plus grande
partie de ces Livres, viennent du Cardinal de Bourbon , Fondateur de cette
Maison.

En 1692. Gilles Ménage donna sa
Bibliothéque à cette Maison.

M. Huet, Evéque d'Avranches, a
laissé aussi sa Bibliothéque à ces Peres.

Dans cette Maison il y a plusieurs
choses à voir , comme la Chapelle de
saint Ignace dans l'Eglise , plusieurs
beaux Tableaux dans la Salle, & le Cabinet des Médailles, laissés par les RR.
PP. *de la Chaise & Chamillard.*

Bibliothéque de l'Abbaye Saint Germain.

LA Bibliothéque de l'Abbaye des PP. Bénédictins de Saint Germain des Prez, au Fauxbourg saint Germain, est composée d'environ 50000. volumes imprimés, & 4500. manuscrits, dont il y en a un grand nombre d'Originaux.

Parmi les Manuscrits, il y a un Pseautier de David, écrit il y a plus de douze cens ans, & dont se servoit S. Germain Evêque de Paris. L'Evangile de saint Matthieu & de saint Marc, écrit il y a près de neuf cens ans, en caracteres d'or & d'argent, sur du vélin teint en violet. Une Bible Latine *in-folio*, que l'Empereur Justinien envoya il y a plus de neuf cens ans, de l'Orient, au Roi Childebert.

Michel Antoine Baudrand a légué en 1700. sa Bibliothéque à cette Maison.

L'Abbé d'Estrées a laissé à ces Peres sa Bibliothéque en 1718. composée d'environ vingt mille volumes. L'Abbé

Renaudot leur a légué auſſi la ſienne, bien choiſie, & très-riche en Livres Orientaux.

M. de Coiſlin, Evêque de Metz, mort en 1732. a laiſſé auſſi à cette Maiſon les Manuſcrits de ſa Bibliothéque, laquelle étoit en dépôt dans ce Monaſtere, & dont le Catalogue a été imprimé en 1715. ſous le titre de *Bibliotheca Coiſliniana, in-fol.*. Quoique cette Bibliothéque ne ſoit point publique, l'on y trouve tout l'accès poſſible.

Le R. P. D. *Montfaucon*, qui a tant écrit ſur les Antiquités, étoit de cet Ordre. Les Bibliothécaires ſont les *PP. D. Lemeraut* & *D. Duval.*

Bibliothéque des Chanoines Réguliers de S. Victor.

DANS l'Abbaye de Saint Victor, il y a une Bibliothéque aſſez nombreuſe, compoſée d'environ 40000. volumes imprimés, & de pluſieurs Manuſcrits. Elle eſt publique trois fois la ſemaine, le Lundi, le Mercredi, & le Samedi.

M. M. de Bournonville & Coufin, y ont légué leurs Bibliothéques, & en outre un fonds affez confidérable pour les nouvelles acquifitions de cette Bibliothéque.

M. du Tralage, neveu de M. de la Reynie, a auffi légué à cette Maifon un très-beau Reçueil de Cartes, & de Mémoires Géographiques extrême-ment curieux.

On y fait voir , entr'autres , une Bible manufcrite fort ancienne, l'Alcoran en Arabe, &c.

La Bibliothéque de Sorbonne.

LA Bibliothéque de Sorbonne eft, pour la plûpart, compofée de Livres de Théologie, parmi lefquels on en trouve de très-rares. Elle eft auffi confidérable en Manufcrits autenti-ques.

On fait voir comme une chofe très-curieufe, un Tite-Live traduit en vieux François peut-être du temps de Charles V. en deux grands volumes *in folio*, avec beaucoup de belles miniatures.

C'eft dans l'Eglife de Sorbonne qu'on

voit le précieux Tombeau du Cardinal de Richelieu.

Bibliothéque des Petits Peres.

LA Bibliothéque des Augustins Réformés, qu'on appelle autrement, *les Petits Peres*, près la Place des Victoires, est composée d'environ 25000. volumes. Elle est parfaitement bien placée & décorée ; il y a quantité de bons Livres, quoiqu'il n'y ait point de Manuscrits.

Le Bibliothécaire a été long-tems le Pere *Eustache*, grand connoisseur de Livres, & d'ailleurs fort complaisant pour tous ceux qui veulent satisfaire leur curiosité dans la Bibliothéque. Il est maintenant Vicaire général.

Le Pere *Anselme* & le Pere *Ange*, qui ont écrit les Généalogies des Maisons de France, étoient de ce Couvent : le Pere *Simplicien* les a continuées.

On trouve dans le même endroit, un Cabinet d'Antiques, qui mérite d'être vû.

Bibliothéque des Prêtres de la Doctrine Chrétienne.

CHEZ les Prêtres de la Doctrine Chrétienne, près l'Estrapade, il y a une Bibliothéque assez nombreuse, d'environ 20000. volumes.

M. Miron, Docteur en Théologie de la Faculté de Paris, en est le Fondateur. Elle est ouverte pour le Public tous les Mardis & Vendredis.

Bibliothéque des Avocats.

DANS une des Salles de l'Archevêché, il y a une Bibliothéque, qu'on appelle *des Avocats.* Elle est ouverte tous les jours pour le Public : mais la plus grande partie de ces Livres ne sont que de Jurisprudence.

M. de Riparfond, célebre Avocat au Parlement de Paris, mort en 1704, en est le Fondateur.

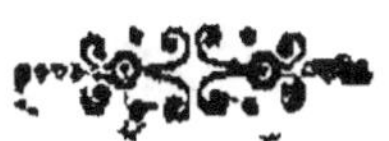

Bibliothéque des Prêtres de l'Oratoire.

LA Bibliothéque de cette Maison est composée d'environ 25000. volumes. Elle est très-curieuse. Il y a beaucoup de Manuscrits en Langues Orientales.

M. Achille de Harlay a donné à cette Maison des Manuscrits extrêmement rares, qu'il avoit apporté de son Ambassade de Constantinople : entr'autres un beau Pentateuque Samaritain, quelques Bibles, &c. Il y a aussi une suite assez considérable de l'Histoire de France.

Au Collége de Navarre, il y a une Bibliothéque, où il y a beaucoup d'anciens Manuscrits.

Aux Célestins, beaucoup d'anciens Manuscrits, & Livres d'ancienne Edition.

Aux Jacobins, ruë S. Honoré, beaucoup de Livres sur les Langues Orientales, & un Cabinet d'Histoire naturelle.

Sans parler de beaucoup d'autres

Maisons Religieuses, chez lesquelles il
ne laisse pas de se trouver des Livres
manuscrits & imprimés, assez rares.

Bibliothéque de M. le Cardinal de Rohan.

PARMI les Bibliothéques des Particuliers, celle de M. le Cardinal
de Rohan, Grand-Aumônier de France, & Evêque de Strasbourg, est très-
remarquable. Elle est placée dans son
Hôtel qu'on appelle *de Soubize*. Le
fonds de cette Bibliothéque vient de
celle de M. de Thou, si renommé par
son Histoire. Il y a environ 15000.
volumes.

J'ai vû entr'autres Livres rares, *Ser-
vetus de Trinitate*, que feu M. Dryan-
der, ci-devant Secretaire de l'Ambassadeur de Suéde en France, donna à
M. le Cardinal ; mais les Dialogues *de
Trinitate*, du même *Servet*, n'y sont
pas. Ces Dialogues sont encore plus
rares que le Livre.

Le Bibliothécaire est M. l'Abbé *Oli-
va*, Italien, homme d'érudition. Il a
fait imprimer à Paris en 1723. l'Ou-

vrage de *Pogge*, *de vanitate Fortunæ*.

L'Hôtel attenant, est de M. le Prince de Rohan ; la Cour est la plus belle & la plus réguliére de Paris. Le Jardin qui sert de promenade au Public, mérite aussi la peine d'être vû.

Bibliothéque de M. le Gros de Boze.

LA Bibliothéque de M. le Gros de Boze de l'Académie Françoise, de celle des Inscriptions & Belles-Lettres, & Garde des Médailles & Antiques de Sa Majesté, est des plus curieuses de France, tant par la qualité des Livres rares, que par la belle condition, & dont il y a un Catalogue imprimé, mais en si petit nombre, que très-peu de personnes peuvent l'avoir. Il y a dans cette Bibliothéque un choix si beau, que le Public seroit extrêmement satisfait de le connoître. Il ne faut pas négliger de voir ce précieux Recueil, de même que son Cabinet de Médailles, &c.

Nous pourrions parler encore d'un grand nombre d'autres Bibliothéques dont Paris fourmille, lesquelles, quoique nous n'en donnions pas le détail, peuvent être fort au-dessus de quelques-unes dont nous venons de parler. Mais la difficulté de les voir, & d'ailleurs la modestie d'une partie de ceux à qui appartiennent ces Trésors de Littérature, nous ferme la bouche. Si cependant quelqu'un vouloit enrichir le Public de la connoissance de ces Trésors, ainsi que de ce qui pourroit paroître nécessaire à ce petit Ouvrage, pour le rendre plus digne de la curiosité du Public, l'on peut s'adresser au Sieur BAUCHE, Fils, Libraire, & nous nous obligeons d'en faire usage à la premiere Edition de ce Livre, ne cherchant qu'à satisfaire entierement le Public.

DES CABINETS
de Médailles.

ON ne connoît pas en Europe un Cabinet plus riche que celui du Roi ; on le conserve à Versailles, &

M. le Gros de Boze, en a la garde.

Le R. P. D. Montfaucon avoit une assez belle suite de Médailles du grand Bronze. Il y a dans l'Abbaye un Cabinet d'Antiques, recueilli par le même Pere.

M. Genebrier, Médecin, connu par les Dissertations qu'il a données sur les Médailles, en possede quelques-unes assez singulieres.

M. Du Bois Jourdan, rue S. Marc, a beaucoup de Médailles, d'Estampes, de Livres, & d'autres Curiosités.

Au Collége de Louis le Grand, il y a un beau Cabinet de Médailles.

A la Maison Professe des mêmes Peres Jésuites, est le célébre Cabinet de Médailles, de tous métaux, & de toute grandeur, recueillis par les soins du défunt Pere *Chamillard.*

Les Celestins ont un Cabinet de quelques Curiosités naturelles, parmi lesquelles se voyent deux Momies fort bien conservées.

Nous avons parlé du fameux Cabinet des Peres de sainte Geneviéve, au Chapitre des Bibliothéques.

M. de Vau, rue neuve des Bons-Enfans, a un beau Cabinet de Médailles antiques & modernes. Il y a deux Médailles d'argent extraordinairement rares, *Pescennius niger*, & *Cornelia supera*.

Les Petits Peres, Place des Victoires, ont dans leur Cabinet de Médailles un Othon de bronze.

Les choses les plus curieuses qu'avoit feu M. Baudelot, sont restées à l'Académie des Inscriptions. Il y avoit chez lui des Marbres de quatre ou cinq cens ans, plus anciens que ceux du fameux Arondel.

Le Cabinet de M. Pajot d'Ons-en-Bray, à Bercy, est peut-être le plus curieux qu'on voye en Europe dans ce genre. Il y a tout ce qu'on peut voir de plus intéressant dans les Mathématiques. La Maison est fort agréable, aussi-bien que le Jardin.

Cabinet de Tableaux & de Curiosités.

QUOIQUE le nombre & le choix des Tableaux rassemblés au Palais Royal par feu M. le Duc d'Orléans, ayent de quoi satisfaire abondamment l'avidité des Etrangers les plus Connoisseurs en ce genre, c'est cependant

cette

cette belle & immense collection qu'ils
ne doivent voir qu'après avoir visité
tous les Cabinets de Paris, pour se
ménager le plaisir de pouvoir admirer
ceux des Particuliers, dont voici les
principaux.

Celui de M. *de Julienne*, dont la
maison est à la Manufacture Royale
des Gobelins au Faubourg S. Marceau,
près la barriere, est un des premiers
de Paris pour l'abondance & le choix
des Ouvrages des plus grands Maîtres
de l'Ecole d'Italie, de Flandre, & de
celle de France. Outre trois Piéces qui
en sont richement décorées, il a fait
construire une Gallerie depuis quelques années, ornée d'un très-bon goût,
quoique sans dorure, pour y en expo-
ser de nouveaux. Ce ne sont pas seulement les Tableaux qui embellissent ces
Piéces, on y voit avec plaisir de très-
beaux Bronzes, des Porcelaines extrêmement rares & agréables. Comme
les connoissances de M. *de Julienne* sont
fort étendues, il a encore ramassé beaucoup de pierres gravées d'une singuliere beauté. L'accueil obligeant avec
lequel il reçoit les Etrangers, sa dou-
ceur & sa modestie qui le caractérisent

particulierement, font un charme d'une
espece supérieure à celle de ses Curiosités, & dont les Etrangers font infiniment plus touchées.

Le Cabinet de Tableaux de M. de
la Boëssiere à la Place de Vendôme,
est très-bien composé. Les Piéces où
ils font exposés, font grandes, & magnifiquement décorées. L'École Flamande s'y fait admirer par plusieurs
Ouvrages de ses Maîtres, qui font presque fans prix.

Celui de M. *Blondel de Gagny*
à la Place Royale, doit être regardé comme un des premiers & des
plus parfaits de cette Ville à tous
égards. C'est-là où les Curieux admireront les *Teniers*, les *Vauwremans*,
les *Wenix*, les *Rimbrans*, les *Gerard-
dou*, les *Berghems* du premier ordre.
Ils y verront aussi des Tableaux des
Ecoles d'Italie, mais en petite quantité; les Bronzes les plus rares, & les
mieux réparés; les Porcelaines ancién-
nes & modernes, & fur-tout de Saxe
les mieux choisies, & dont l'agrément
& le goût de leurs montures, semblent
disputer de prix avec les Piéces qu'elles
accompagnent. Les Cabinets & les Ta-

bles du célebre *Boulle*, une Pendule dont l'invention est aussi riche qu'ingénieuse. Toutes ces beautés rangées dans un ordre sçavant, & nullement confus, produisent un effet si surprenant, que le Spectateur en est saisi, & ne quitte point sans peine cet endroit, l'azyle de tant de beautés, sans désirer de le revoir, & encore plus le Maître de tant de Chefs-d'œuvres, dont la présence & les façons engageantes ajoutent infiniment à leur prix.

En sortant de ce Cabinet, qui est dans la Place Royale, on peut aller au Faubourg S. Antoine, qui n'en est pas éloigné, pour voir le magnifique Cabinet d'Histoire naturelle de M. *de Reaumur* de l'Académie des Sciences, si célébre par ses découvertes & par ses Ouvrages. On y trouvera de quoi se satisfaire abondamment dans tous les genres des productions singulieres de la nature, soit dans le regne animal, ou dans le végétal. Le choix admirable de toutes ces raretés, & l'ordre avec lequel elles sont arrangées, ne laissent rien à désirer aux plus difficiles sur ces matieres.

Avant de quitter ce Fauxbourg, les

Etrangers doivent encore une visite à
M. *Titon du Tillet*, qui y est logé depuis
peu de tems, & si connu par le célebre Parnasse François qu'il a fait jetter
en bronze, à la gloire de Louis XIV.
des Poëtes & des Musiciens les plus
illustres. Là sur une montagne isolée,
sont placées seize figures principales,
& une vingtaine de petits Génies, portant des Médaillons, où sont représentés
les Portraits des Auteurs moins célebres. La Nymphe de la Seine avec son
Urne, y tient lieu de la Fontaine
d'Hippocrène. Louis XIV. est à la plà-
ce d'Apollon, & il est représenté comme la seule Divinité, qui inspire tous
ces grands Génies par les honneurs &
les récompenses. Ce bel Ouvrage a été
très-bien gravé par *Audran*, & M. Ti-
ton du Tillet en a fait imprimer la Description, avec la Vie des Hommes Illustres placés sur ce Parnasse. Ce Livre
se trouve chez les Libraires de Paris.
L'on trouvera encore chez M. *Titon*
trois Piéces ornées d'excellens Tableaux & Portraits de l'*Argiliere*, &
plusieurs Marbres & Bronzes, faits par
les meilleurs Maîtres.

  Dans là ruë du Temple, vis-à-vis

celle des Gravilliers , M. d'*Argenville*,
Maître des Comptes , a fait une collection très-ample des Desseins Originaux des meilleurs Maîtres de toutes
les Ecoles , & des Graveurs les plus
célebres. On y trouvera aussi les plus
beaux Ouvrages de ces derniers , & les
Œuvres entieres d'*Albert Durer* , *Cal-
lot* , *la Belle* , *le Clerc* , *Mellan* , &c.
aussi-bien que celle des *Marc-Antoine* ,
& de tous les bons Graveurs , d'après
les Tableaux de *Raphaël* , de *Rubens* ,
de *Vandik* ; c'est à M. d'*Argenville*
que le Public est redevable de la Vie
des grands Maîtres de toutes les Ecoles, avec leurs Portraits, en 2. vol. *in 4°.*
& dont il va donner un Supplément.
Les Amateurs trouveront encore chez
lui un Cabinet de plusieurs morceaux
curieux en ce genre, en Madrepores ,
Lotiphiles , Marcassites , Pierres précieuses , &c.

Dans la ruë S. Jacques , chez *Mariette* , aux Colonnes d'Hercule, Libraire , & Marchand d'Estampes , les
Connoisseurs admireront une collection de Desseins du meilleur choix de
nos plus grands Maîtres, & d'un très-
grand prix. A l'égard des Estampes ,

on n'en verra nulle part un Magasin aussi abondant, des plus rares, & des plus belles Epreuves.

M. le Duc de *Tallard*, dont le magnifique Hôtel est dans le Marais, ruë du Grand-Chantier, a plusieurs grandes Piéces enrichies des plus beaux Tableaux des Ecoles d'Italie, *Raphaël*, *Georgion*, *Titien*, *Carrache*, *Tintoret*, *le Mole*, &c.

Avant de quitter le Fauxbourg S. Germain, les Curieux doivent aller voir dans la ruë de Varenne, l'Hôtel, ou plûtôt le Palais de M. le Duc de Valentinois. Les deux façades du Bâtiment sur la Cour & sur le Jardin, sont admirables. Le plan de celle de la Cour est d'un goût neuf & ingénieux. Les deux aîles qui raccordent ce bel Hôtel, avec les deux petits corps de Logis sur la ruë, sont d'un très-bon goût, & font un bel effet. Il faudroit un volume entier pour faire la Description de toutes les magnificences, qui décorent l'intérieur de ce Palais, auquel il y en a peu en Italie qui lui soient comparables. Tout ce que la Peinture, la Sculpture, la Dorure, les Vases cizelés en argent & en bronze , peuvent offrir de curieux aux regards , s'y trouve en abondance. Les Ecoles d'Italie , de Flandre & de France , composent la profusion des Tableaux que l'on y voit. Les Grouppes de marbre & de bronze , dont plusieurs sont antiques , ou de nos meilleurs Maitres modernes. Enfin l'élégance des Meubles d'Eté & d'Hyver , achève de combler de satisfaction les regards des Curieux. Le Jardin répond parfaitement à la beauté du Palais , soit par son étendue , soit par la façon ingenieuse dont il est orne. A l'extremité sur la gauche , on est agréablement surpris de trouver un autre petit Palais , qui est un nouveau chef-d'œuvre pour la distribution des Piéces , l'élégance & la singularité de leur décoration.

En revenant dans le quartier du Palais Royal , avant de finir la curiosité des Tableaux , par a vûe de ceux qui y sont rassemblés , dont nous donnons à la fin de ce Volume l'état , ainsi qu'ils sont places , & dont il y a une Description avec la vie des Peintres & la grandeur de chaque Tableau , laquelle se trouve chez M. d'Houry Libraire , il faut entrer dans l'Hotel de M. le Comte d'Argenson , Ministre de la Guerre , qui a aussi une très-belle bibliothéque , pour voir chez M. le Marquis de Paulmy son fils, un Cabinet formé depuis très-peu de tems, & qui surpassera bientôt les plus anciens, par le choix excellent des Tableaux des Maîtres en toute sorte de genres.

Il y a au Jardin du Roy un Cabinet d'Histoire naturelle, composé de nombreuses collections dans tous les genres, même pour l'Anatomie. On y voit plusieurs Pieces travaillées en cire & en bois, qui sont fort exactes & fort ressemblantes aux différentes parties du corps humain qu'elles représentent. Comme nous ne voulons faire mention ici que des Collections les plus complettes du Cabinet du Roi, nous citerons seulement celles des Coquillages, des Plantes marines, des bois, des fruits & des sucs, des végétaux, des Plantes dessechées, des marbres des pierres fines, des pierres figurées, & des pétrifications.

Au reste, on pourra juger de la richesse de ce Cabinet par la Description donnée au Public par M. de Buffon, que l'on imprime actuellement, & dont il paroît déja trois Volumes. L'Ouvrage entier selon le projet en aura quinze. Les Machines que l'on a vûes pendant long-tems à l'Observatoire, sont à présent dans ce même Cabinet.

Des

Des Académies.

IL y a dans Paris, neuf Académies ; trois Littéraires ; sçavoir, la Françoise, celle des Inscriptions, & celle des Sciences ; une de Peinture & de Sculpture ; une autre d'Architecture ; une de Chirurgie ; & trois Académies Militaires.

L'Académie Françoise fut fondée par le Cardinal de Richelieu. Elle est composée de quarante Personnes.

L'Académie Royale des Inscriptions fut établie en 1663. Elle est composée de Quarante Académiciens, sans compter les Vétérans.

L'Académie Royale des Sciences fut établie en 1669. Elle est composée de soixante & douze Académiciens.

L'Académie de Peinture & Sculpture fut établie en 1664. & celle d'Architecture en 1671.

Outre les Peintres & les Sculpteurs, les Graveurs sont aussi admis dans l'Académie de Peinture.

L'Académie de Chirurgie, établie en 1731. & confirmée en 1748.

Les trois Académies pour monter à cheval, sont celle de M. de *Vandeüil*, rue des Canettes; celle de M. du *Gas*, rue de l'Université; & celle de M. de la *Gueriniere*, attenant le Palais des Thuilleries, dans le Manége du Roi qu'on lui a cédé.

DES ENVIRONS
de Paris.

Nous nous contenterons de donner une Description simple & abrégée *des Environs de Paris*, dans lesquels nous renfermerons les Maisons Royales, les Maisons des Princes, les plus belles Maisons & Châteaux des Environs.

De Versailles.

Versailles n'étoit qu'un simple Village où Louis XIII. tenoit les Equipages de Chasse; mais Louis XIV. d'un petit Village, en a fait une Ville, avec le plus magnifique Palais du monde.

Dans ce que l'on appelle le *Vieux Versailles*, il n'y a pour le préfent que l'Eglife des RR. PP. Récollets, où il fe trouve quelques bons Tableaux de *Jouvenet*. D'ailleurs l'on y bâtit continuellement, & l'on y conftruit actuellement une fort belle Eglife, qui fera la Paroiffe de ce canton.

Le *Nouveau Verfailles* a auffi fa Paroiffe, laquelle eft fous l'Invocation de la fainte Vierge : ce font MM. de la Miffion de S. Lazare qui la deffervent. Le Portail de cette Eglife, qui eft de *Jules Hardouin Manfart*, ainfi que tout le refte, a dix-neuf toifes de large ; il eft décoré de Colonnes d'un Ordre Dorique & Ionique, couronnées d'un fronton. La longueur de l'Eglife eft de quarante toifes. Le grand Autel eft orné de quatre Colonnes Corinthiennes de marbre, avec un entablement & un fronton. Les Autels font ornés de Tableaux des meilleurs Peintres qu'il y eut. Celui de la Chapelle faint Louis, où eft repréfenté ce faint Roi malade, & recevant le Viatique des mains de fon Confeffeur, eft un des meilleurs d'*Antoine Coypel*, qui le fit à l'âge de dix-huit ans. Il y en a deux dans la

Chapelle saint Nicolas, lesquels sont
sur bois : ce sont deux excellens morceaux de *Jouvenet*.

Du Château de Versailles.

LE Château de Versailles est situé
à quatre lieues de Paris. Ce n'étoit
autrefois qu'un rendez-vous de Chasse,
où Louis XIII. avoit fait construire un
Bâtiment, d'une étendue & d'une Architecture médiocre. La situation plut
à Louis XIV. & le goût de ce Prince
s'étant déclaré, on commença en 1661.
à y faire travailler. De plusieurs Architectes qui ont conduit les travaux, le
célébre *Jules Hardouin Mansart*, est
celui qui les a dirigés le plus long-
tems, & avec plus de succès. Versailles
étant ensuite devenu le séjour des Rois,
les Maisons que la plûpart des Seigneurs
de la Cour y ont bâties, ont formé une
Ville belle, & percée avec beaucoup de
régularité.

On y arrive par trois Avenues; celle
du milieu conduit à Paris : elle a vingt-
cinq toises de large. Des deux autres,
l'une mene à Saint Cloud, & l'autre à

Sceaux. Toutes trois aboutissent à la grande Place d'Armes qu'on nomme aussi *la Place Royale*.

Le Chenil, Bâtiment magnifique, destiné au Grand-Veneur, & aux autres Officiers de la Venerie, est sur le bord de l'Avenue de Paris, vis-à-vis l'Hôtel de Conti, occupé autrefois par le Duc de Vermandois.

Jules Hardouin Mansart a donné les desseins des Ecuries ; les Bâtimens sont uniformes, & d'une égale beauté, enforte que les Etrangers n'ont rien dans ce genre qui les surpasse. On voit le Château comme un Théatre superbe, on monte pour y arriver.

La Grille dorée a douze pieds de haut, elle est bornée par deux Guerittes, surmontées par deux Grouppes, dont *Marsy* a fait l'un, & *Girardon* l'autre. Une seconde Grille sépare la grande Cour d'avec l'avant Cour ; elle est ornée de deux Grouppes ; *Tuby* a fait la Paix, & *Coïsevox* l'Abondance.

Deux grands corps de Bâtimens sur les aîles, terminés chacun par un Pavillon, font destinés aux Officiers de Sa Majesté. On voit ensuite la face & les aîles du vieux Château ; la grande fa-

çade a un balcon, soutenu par huit colonnes de marbre ; d'autres corps de
Logis doubles, unissent les deux Châteaux.

Le Château-Neuf est un corps de Logis superbe, qui, avec ses aîles, forme
une façade de plus de trois cens toiles.
Les combles sont garnies de Statues,
de Vases, & de Trophées, posés sur
une Balustrade, qui regne tout autour
du Bâtiment. Il est bâti du côté du Jardin, & c'est aussi de ce côté que Versailles a le plus d'éclat.

Le grand Escalier de marbre efface
tout ce que l'antiquité nous a vanté de
plus beau. *Le Brun* en a peint la Fresque, & le Buste de Louis XIV. est du
fameux *Coïsevox*. On entre de-là dans
les grands Appartemens. Des richesses
immenses y sont rassemblées, & l'on a
peine à comprendre le nombre de Tableaux & leur prix.

La Salle de l'Abondance & le Cabinet des Antiques, sont peints par *Houasse*. Un Buste de Louis XIV. de *Bernin*, & quelques Tableaux de *Blanchard*, sont dans la Salle de Diane, &
dans celle du Billard. Dans celle de
Mars se voit la famille de Darius, fa-

rieux Tableau de *le Brun*. La Salle de
Mercure est peinte par *Champagne*;
celle d'Apollon est de *la Fosse*; on y
voit un Portrait de Louis XIV. en
pied, fait par *Rigault*, (c'est le dernier
qui ait été tiré.) La grande Gallerie,
la plus belle & la plus magnifique de
l'Europe, dont la Voûte a été peinte
par le fameux *le Brun*, lequel y a représenté l'Histoire de son Roi depuis
1655. jusqu'en 1678. a 37. toises de
long sur 5. de large; elle est terminée
aux deux extrémités par les Salons
de la Guerre & de la Paix; ils sont
aussi du même Peintre. La Salle
des Gardes n'a rien de fort remarquable, non plus que celle où Louis
XIV. mangeoit à son grand Couvert.
Le grand Salon est une piéce extrêmement riche, & dont la Corniche est
admirée. La Sculpture de la Chambre
du Roi, est extrêmement finie. On par-
lera ailleurs des Tableaux qui sont dans
la Salle du Conseil. Le Cabinet du Billard est rempli de morceaux excellens.
On voit aussi une Horloge fort composée, & d'un ouvrage très-curieux. Dans
une des chambres suivantes, est une
Sphére, dont le mouvement des Cer-

T iiij

cles suit celui des Cieux. La petite Gallerie, derniere piéce des Appartemens
du Roi, est peinte par *Mignard*, aussi-
bien que les deux Salons qui l'accompagnent. Les Appartemens des Princes sont la seule chose qui reste à voir
dans le Château.

Les Jardins sont remplis de Chefs-
d'œuvre dans tous les genres. L'Orangerie est le plus beau morceau d'Architecture Toscane, qu'on voye à Versailles. *Le Maître* en donna les desseins,
Jules Hardouin Mansart les revit ensuite, les perfectionna, & ne mit que
deux ans à les exécuter : ce fut, à la vérité, avec bien plus d'élégance que de
solidité. Huit Grouppes de bronze,
qu'on voit dans le Parterre d'eau, &
qui représentent huit Fleuves de France, sont fondus par les *Kellers*. Le
Bassin de Latone a deux gerbes de trente pieds de haut : le Grouppe de marbre qu'on y voit, est de *Marsy*. Le
Parterre des Fleurs est de *le Nôtre* ; &
la Quintinie a fait celui de l'Orangerie.
La Statue Equestre qui est à la tête de
la Piéce des Suisses, est du Cavalier
Bernin, qui ne l'ayant pas trouvé assez
parfaite, changea les traits du visage

de Louis XIV. qu'il avoit eu deſſein de
repréſenter, & en fit un Curtius. L'Automne du Baſſin de Bacchus, eſt de
Marſy. Girardon a fait le Baſſin de Saturne. La Colonade eſt un Periſtile de
trente-deux Colonnes appuyées d'autant de Pilaſtres : cet Ouvrage eſt d'Ordre Ionique ; les combles ſont de marbre blanc, chargés de beaux bas-reliefs : au milieu eſt un Grouppe de
marbre de *Girardon* ; il eſt extrêmement beau, & repréſente l'enlevement
de Proſerpine. *Tuby* a fait le Grouppe
de métal du grand Baſſin d'Apollon :
c'eſt une de ſes meilleures piéces. L'En-
celade eſt un Grouppe extrêmement
beau, poſé dans un Baſſin Octogone :
de la bouche de ce Géant accablé ſous
des montagnes, ſort un Jet-d'eau de
ſoixante & dix-huit pieds de haut. *Tuby* a fait le Baſſin de Flore ; celui de
Cerès eſt de *Renaudin*. De trois Grouppes excellens, qui ſont aux Bains d'A-
pollon, *Girardon* a fait celui du milieu, *Marſy* & *Guerin* les deux autres.
La Fontaine de la Pyramide eſt exécutée en bronze par *Girardon* ; *Tuby* &
le Hongre ont fait les deux Baſſins d'en-
bas : les Vaſes qui s'y voyent auſſi, ont

été faits à Rome. La Cascade de l'Allée d'eau où des Nymphes se baignent, est quarrée; des Masques semblent leur jetter de l'eau, cet Ouvrage est de *Girardon*: *le Hongre* & *le Gros* ont fait les Fleuves.

Marsy a fait le Dragon de la Fontaine qui en porte le nom: le Grouppe du Bassin de Neptune, est de *Dominique Gendi*, disciple de l'*Algardi*.

Ces deux dernieres Piéces font les plus belles de tout Versailles. L'arc de Triomphe reste encore à voir; il est accompagné de trois Fontaines extrêmement belles, l'Architecture est de marbre, de diverses couleurs; les Figures font de *Tuby* & de *Coisevox*; les Fontaines de la Victoire, & celle de la Gloire, toutes deux de *Maseline*, ont un grand nombre d'accompagnemens, tous bien entendus, & qui font un bel effet.

La Piéce d'eau, appellée *le grand Canal*, a huit cens toises de long, sur trente-deux de large; il est occupé par une traverse de cinq cens toises sur la même largeur, qui conduit d'un côté à Trianon, & de l'autre a la Ménagerie.

Ce dernier Château fut bâti par *Jules Hardouin Manfart* : les deux Appartemens d'Hyver & d'Eté, font remplis d'excellens Tableaux, & fort ornés de dorure & de glaces. Il y a un nombre infini de petits Jets d'eau ; ceux qui ne s'en défient pas, y font attrapés. La Voliere eft la plus belle de France, & la mieux remplie. Plufieurs cours de ce Château font deftinéés à nourrir des animaux de toutes les efpeces, depuis les plus communes jufqu'aux plus rares.

Trianon a été bâti aufli fur les deffeins de *Jules Hardouin Manfart* : on y voit le bon goût & la richeffe s'unir enfemble pour en faire un endroit charmant. La face a foixante-quatre toifes d'étendue ; deux aîles font en retour terminées par deux pavillons. Les plus belles vûes du Château & du petit Parc de Verfailles, font dans la grande Gallerie, & la plûpart eft peint par *Cottel* : *Allegrin* a peint les mêmes fujets, & un Jeu de portique dans le grand Salon. Quelques Tableaux d'*Houaffe* font dans celui du Billard.

Les Grouppes d'enfans qui font dans le Parterre haut, font de *Girardon*.

Tuby a fait le Laocoon & fes enfans, qui eft pofé dans le Jardin des Maroniers, Grouppe admirable copié de l'Antique. Les Vafes & les Dragons de plomb doré, qui font fur la grande piéce d'eau qui termine les Jardins, font d'un travail extrêmement fini.

Quoiqu'on ait déja parlé d'une partie des Peintures de ce fuperbe Palais, nous croyons utile pour le Public de les rapporter ici en forme de Table. Nous dirons auparavant un mot du Bâtiment de la Chapelle.

La Chapelle du Château de Verfailles fe voit à main droite en arrivant par les Avenuës. Sa longueur eft de onze toifes deux pieds huit pouces ; la hauteur du dedans eft d'environ treize toifes deux pieds ; elle a été achevée en 1710. & dix années à faire. La Tribune du pourtour eft des plus belles qu'il y ait eu jufqu'à préfent. Le refte de l'Edifice extérieurement & intérieurement ne peut être plus richement décoré, tant pour l'Architecture, que pour la Sculpture.

LISTE DES PRINCIPALES
*Peintures qui sont dans le Château
de Versailles.*

LA CHAPELLE.

LA Chapelle du Saint Sacrement est de *Silvestre*.

La Chapelle de saint Louis est de *Jouvenet*.

La Chapelle de Sainte Therèse est de *Santerre*.

La Chapelle de la Vierge est de *Boulongne* le jeune.

La principale Voûte peinte par *Antoine Coypel*, représente le Pere Eternel dans sa Gloire.

Dans les cinq premieres Voûtes de la Tribune, qui est à main droite en entrant, *Boulongne* le jeune a peint Saint Barnabé, S. Jude, S. Barthelemi, S. Jacques le mineur, & S. Jacques le majeur. Dans la sixiéme Voûte du même côté, *Boulongne* l'aîné, a représenté le Ravissement de Saint Paul ; Saint Pierre & S. André, S. Philippe, S. Simon, S. Mathias, & S. Thomas, sont aussi de sa main.

La Fosse a peint la Résurrection dans la Voûte du chevet.

Iouvenet a représenté la Descente du Saint-Esprit dans la Voûte de la Tribune du Roi.

La grande Gallerie peinte par le Brun.

Le plus grand Tableau au milieu de la Voûte eſt en deux parties ; l'une eſt le Roi qui prend la conduite des affaires, & l'autre, l'ancien orgueil des Peuples voiſins, en 1661.

Le 2. à côté gauche du grand Salon.

Le Roi prend la réſolution de faire la guerre aux Hollandois, en 1671.

Le 3. à la droite du grand Salon.

Le Roi arme par mer & par terre, en 1672.

Le 4. à gauche du grand Salon.

Le Roi attaque la Hollande, en 1672.

Le 5. qui remplit toute la Voûte.

Le paſſage du Rhin, en 1672.

Le 6. au-deſſus de l'Arcade du Salon de la guerre.

La Ligue de l'Allemagne, de l'Eſpagne & de la Hollande, en 1672.

Le 7. à côté du grand Salon.

La Franche-Comté reconquiſe, en 1674.

Le 8. qui prend toute la Voûte.

La priſe de la ville de Gand, en 1678.

Le 9. ſur l'Arcade du Salon de la Paix.

La Hollande reçoit la Paix.

Petits Tableaux de la Gallerie, qui font à la clef de la Voûte.

1. Le foulagement du Peuple pendant la famine, en 1662.

2. Edit des Duels, en 1661.

3. La Paix, dans la Chapelle, en 1668.

4. La Guerre pour les droits de la Reine, en 1667.

5. La Police établie à Paris, en 1665.

6. Acquifition de Dunkerque, en 1662.

Du côté des Miroirs.

1. La Hollande fecourue, en 1665.

2. La défaite des Turcs en Hongrie, en 1664.

3. Le rétabliffement de la Navigation, en 1663.

4. Les Finances remifes en ordre, en 1662.

5. L'Hôtel des Invalides établi, en 1674.

6. L'Alliance avec les Suiffes, renouvellée en 1663.

Du côté des Fenêtres.

1. L'Attentat des Corfes réparé, en 1664.

2. L'Efpagne céde à la France la prééminence, en 1662.

3. La Juftice réformée, en 1667.

4. Les beaux Arts protégés, en 1663.

5. Ambaffades des extrémités de la Terre, en 1686.

6. La jonction des deux Mers, commencée en 1666. achevée en 1680.

LISTE DES TABLEAUX
qu'on voit dans les Appartemens du Roi à Versailles.

Dans la Salle des Gardes.

Deſſus de Cheminée.

Une Bataille, peinte par　　　　*Parocel.*

Dans la Salle à manger.

Deſſus de Cheminée.

Une Bataille eſtimée, de *Pierre de Cortone.*
Las onze Tableaux repréſentans Siéges ou
　Batailles,　　　　　　　　*de Parocel.*

Dans l'Anti-Chambre du Roi.

Deſſus de Porte.

Une Nativité,　　　　*de Paul Veroneſe.*
Eſther devant Aſſuérus,　　　　*du même.*
Jeſus-Chriſt au Tombeau,　　　　*du même.*

Deſſus de Porte.

Tableau,　　　　　　　　*du Baſſan.*

Deſſus de Cheminée.

Un repos de la fuite en Egypte, de *Genti-
leſchi.*

Deſſus de Porte.

Entrée dans l'Arche,　　　　*du Baſſan.*
Bethſabée & David,　　*de Paul Veroneſe.*
Judith & Holoferne,　　　　　*du même.*

Dans

Dans la Chambre à Coucher.

Dessus de Porte.

Le Marquis d'Aitonne,   de *Vandick.*
Saint Jean,   de *Caravage.*

En Hyver.

Saint Jean Evangeliste,   de *Raphaël.*
Le David,   du *Dominiquain.*

Dessus de Porte.

Une Madelaine,   de *Alexandre Veronese.*
Le Portrait,   de *Vandick.*

Au-dessus de la Corniche.

Saint Jean Evangeliste,   du *Valentin.*
Le Mariage de sainte Catherine, par *Alexandre Veronese.*
Saint Luc Evangeliste,   du *Valentin.*
Saint Matthieu,   du *même.*
Jesus-Christ payant le Tribut de César, du *Valentin.*
Saint Marc,   du *même.*

Dans le Cabinet du Conseil.

Dessus de Porte.

Le Petit Pirrhus,   du *Poussin.*
Une Bacchanale,   du *même.*
Le départ de Saint Pierre & de Saint Paul, du *Lanfranc.*
Jesus-Christ qui guérit les Aveugles de Jericho,   du *Poussin.*

Dans le Cabinet des Perruques.

Trois dessus de Porte, représentans des Ménageries,   du *Bassan.*

I. Partie.   V

Dans la Chambre de l'Horloge.

Deſſus de Cheminée.

L'Elevation de Jeſus-Chriſt en Croix, par
le Brun.

Deſſus de Porte.

La Samaritaine,   du Guide.
Le Mariage de Sᵗᵉ Catherine,   de Nicolo.
Rebecca,   de Coypel.
Les Filles de Jetro,   de le Brun.

Deſſus de Porte.

Adam & Eve,   de l'Albane.
J. C. Portant ſa Croix,   de Mignard.
Latonne & les Payſans,   de l'Albanne.
Le Mariage de Moyſe,   de le Brun.
Moyſe retiré des Eaux,   de la Foſſe.

Dans l'Anti-Chambre du petit Appartement du Roi.

Deſſus de Porte.

Moyſe foulant la Couronne de Pharaon,
par   le Pouſſin.
La Manne,   du même.
Une Sainte Famille,   du même.
Le Raviſſement de Saint Paul, du même.
Les Paſteurs d'Arcadie,   du même.
La Peſte,   du même.
La Verge de Moyſe changée en Serpent,
par   le même.
Une Nativité,   du Baſſan.
Le Samaritain,   du Molle.
Venus chez Vulcain,   de Mignard.
Angelique & Medore,   du Molle.
Saint Bruno,   du même.

Dans le petit Appartement du Roi.

Deſſus de Porte.

Un retour de Chaſſe de Diane, *du Breugel.*

Deſſus de Cheminée.

Le Silence, de *le Brun.*
Saint Thomas incrédule, *du Mucian.*
Payſage & Figure, de *Bamboche.*
Une Sainte Famille, *du Pouſſin.*
Petite Vierge, *du Guide.*
Une Nativité, de *Louis Carache.*
Payſage & Concert, de *A. Carache.*
Un Silence, *du même.*
Prédication de Saint Jean, *du même.*
La Vierge & Jeſus avec pluſieurs Anges,
par *André Azio.*

Deſſus de Porte.

La vûe de Fontainebleau, de *Vandermeule.*
La vûe de Vincennes, *du même.*
Des Joueurs de violon, *du Giorgion.*
Petit Payſage, un Hermite, de *Carache.*
La Réſurrection de N. Seigneur, *du même.*
Sacrifice d'Abraham, de *l'Olbeins.*
Une Muſe, *du Giorgion.*
Petit Payſage, de *Paul Bril.*

Dans le Sallon.

Deſſus de Porte.

La vûe de S. Germain, de *Vandermeule.*
La vûe de Verſailles, *du même.*
L'Annonciation, de *L. Carache.*

V ij

Portement de Croix,   de *Rothenamer*.
Une Nativité,   de *Joseph:n*.
Circé, Ulysse & ses Compagnons, peints
   par   *l'Albane*.
Prédication de Saint Jean,   *du même*.
Mariage de S.` Catherine, *da Parmesan*.
Martyre de S. Etienne, de *Corneille Pollain*.
Martyre de S. Etienne,   de *A. Carache*.
Le Siége de la Rochelle, de *Cl. Lorrain*.
Sacrifice d'Abraham,   *du Carache*.
L'Annonciation,   de *l'Albane*.
Biblis,   *du même*.
La Vierge & Jesus,   du *Dominiquain*.
Le Parnasse & les Muses, de *Perrin del*
   Vague.
Le Pere Eternel dans sa Gloire, peint
   par   *l'Albanne*.
Absalon,   de *Carache*.
Une Sainte Famille,   de *Raphael*.
Apollon & Daphné,   de *l Albane*.
J. C. qui guérit un Malade, de *P. Veronese*.
J. C. au Tombeau,   de *Vandrek*.
Paysages & des Blanchisseuses, de *Carache*.
Le Pas de Suse,   de *Cl. Lorrain*.
Venus & des Amours, de *Jules Romain*.
Paysage de Saint Jean prêchant, peint
   par   *Ph. Napolitain*.
Une Foire,   *du même*.
Le Bâtême de Notre-Seigneur, par saint
   Jean,   de *l'Albane*.

Dans le Cabinet des Coquilles.

Hérodias,   du *Giorgion*.
Paysage,   de *Cl. Lorrain*.
Henri II.   de *annet*.
L'Adoration des Mages, de *P. Veronese*.

Sainte Cecile ,   de *Mignard.*
Joseph & Putiphar ,   de *l'Albane.*
Saint George ,   de *Raphaël.*
Une Vierge ,   de *Mignard.*
La Fuite en Egypte , paysage , de *Adam.*
Saint Michel ,   de *Raphaël.*
La belle Ferroniere, de *Leonard de Vincy.*
Grisaille ,   de *Raphaël.*
Un Portrait ,   •   de *l'Olbeins.*
Une Vierge dans une Guirlande de fleurs ,
     par   de *Francy.*
J. C. & les Apôtres ,   de *P. Veronese.*
Paysage ,   de *Cl. Lorrain.*
Portrait de Henri IV.   de *Porbus.*

Dans la Gallerie.

Dessus de Porte.

Un portement de Croix ,   de *P. Veronese.*
La Joconde ,   de *L. de Vincy.*
Les Bains de Diane ,   de *l'Albane.*
L'Homme Sensuel.   de *Corége.*
Saint François ,   du *Dominiquain.*
Le Marquis del Guasto ,   du *Titien.*
Adam & Eve ,   du *Dominiquain.*
La Vertu Héroïque ,   du *Corége.*
Des Amours dans une Guirlande de fleurs ,
     du *Dominiquain.*
La Vierge & Jesus ,   du *Titien.*
Une Descente de Croix ,   de *Carache.*
Sainte Cecile ,   du *Dominiquain.*
La Circoncision ,   de *Jules-Romain.*
Un *Ecce Homo* ,   du *Guide.*
Une Sainte Famille ,   du *Parmesan.*
L'union du Dessein & la Couleur, du *Guide.*

La Charité de Bat,   de *l'Albane,*
Une Madelaine,   *du Guide.*
Une Sainte Famille,   de *Raphaël.*
La Vierge & S. Elizabeth, de *L. de Vincy.*
La Nativité   de *A. Carache.*
Hérodias,   de *Solario.*
Petite Nativité.   de *A. Carache.*
Omphale,   de *Louis Carache.*
Raviſſement de S. Paul, *du Dominiquain.*
Le Sponſaliſte,   *du Corége.*
La Vierge au Lapin,   *du Titien.*
Le Caſtillan,   de *Raphael.*
L'Aſſomption de la Vierge,   *du Pouſſin.*
Le Portrait,   de *Raphaël.*
La Priére de N. S. au Jardin, *du Guide.*
Portrait de Jean Bellin, & de ſon Frere,
    peint par   *J. Bellin.*
Un Portrait,   de *L. de Vincy.*
Une Sainte Famille,   de *l'Albane.*
Une Vierge eſtimée,   de *Raphaël.*
Saint François,   de *A. Carache.*
Portrait.   de *Carofolo.*
Une Vierge,   de *Peruzi.*
Une Nativité,   de *Carofolo.*
Le Portrait,   de *J. Romain.*
Une Annonciation,   de *l'Albane.*
Le Portrait,   de *l'Olbeins.*
Petit Payſage,   de *Paul Bril.*
Une Vierge ovale, eſtimée,   *du Guide.*
Une Vierge & S. Jean,   de *Raphaël.*
L'Eſpérance,   de *Mignard.*
Une Vierge, eſtimée,   *du Corége.*
Sainte Catherine,   de *L. de Vincy.*
La Foy,   de *Mignard.*
La Vierge & Sainte Catherine, *du Guide.*

Un Portrait,   de *l'Olbeins*.
Un repos de la fuite en Egypte, de *Corneille*.
Une Tête,   d'*Antionio More*.
Une Vierge & Jésus, d'après le *Corég*.
Portrait d'Anne de Clerie, de *l'Olbeins*.
Une Vierge & Jésus endormi, *du Guide*.
Saint Jerôme,   *du Guerchin*.
Une Magdelaine,   *du Titien*,
Martyre de S. Etienne, de *A. Carache*.

Grand Appartement du Roi.

Chambre du Trône.

Dessus de Porte.

Une Vierge,   de *Vandick*.

Dessus de Cheminée en Eté.

Le Portrait de Louis XIV.   de *Rigaut*.
Hercule sur le Bucher,   *du Guide*.
Hercule qui combat l'Hydre,   *du même*;
Saint François en extase,   *du Valentin*.
Thomiris,   de *Rubens*.
Hercule & Acheloüs,   *du Guide*.
Le Centaure & Dejanire,   *du même*.

Dessus de Porte.

Portraits des Princes Palatins, de *Vandick*.

Chambre à coucher, en Eté.

Dessus de Porte.

Une Charité,   de *Blanchard*.
Jesus-Christ au Tombeau,   *du Titien*.
La Sainte Famille,   de *Raphaël*.

Les Nôces de Cana,   de *J. Baſſan.*
Une Aſſomption,   de *A. Carache.*
Saint Sebaſtien,   *du même.*
La Vierge, Jeſus & Sainte Agnès, *du*
  Tuien.
Les Pellerins d'Emmaüs,   de *J. Baſſan.*
Un Saint Michel,   de *Raphael.*

Deſſus de Porte.

Diſeuſe de bonne Avanture, de *Caravage.*

Chambre des Concerts, en Hyver.

Deſſus de Porte.

La Vierge & Saint Pierre,   *du Guerchin.*
Les Pellerins d'Emmaüs, de *P. Veroneſe.*

Premiere Tribune.

Une Nativité,   *du Doſſe.*
Une Vierge,   de *Mignard.*

Deſſus de Cheminée.

Une Vierge, Jeſus, & Saint Jean, peints
  par   *Paul Veroneſe.*

Seconde Tribune.

Une Vierge,   du *Vieux Palme.*
Un *Ecce Homo*,   de *Mignard.*

En Eté.

La Famille de Darius,   de *le Brun.*

Deſſus de Porte.

Saint Jean dans le Déſert,   de *Raphaël.*
                                     Dans

Dans la Chambre suivante.
Deſſus de Cheminée.

Iphigenie,	de *la Foſſe.*
Un Ange Gardien,	du *Feti.*

Salon du Cabinet des Médailles.

Jeſus-Chriſt qui guérit la Femme du Flux de ſang,   de *P. Veroneſe.*

En Eté.

Une Nativité,	de *Gaudenſio.*
La Fuite en Egypte,	du *Guide.*
Une Vierge & des Pellerins,	du *Pouſſin.*

Dans le grand Salon.

Le Feſtin du Phariſien,   de *P. Veroneſe.*

Cabinet des Médailles.

Une Vierge, Jeſus, & Saint Jean, peints par   *Raphaël.*

Mariage de S.^e Catherine, de *P. Veroneſe.*

Une Vierge,   du *même.*

La Vierge, Jeſus, & Saint Michel, peints par   *L. de Vinci.*

La Vierge & Jeſus,   d'*André Mantegne.*

Jeſus-Chriſt en Croix,   de *P. Veroneſe.*

Une Vierge, Jeſus, Saint George, & Saint Benoît,   de *P. Veroneſe.*

L'Ange qui conduit Tobie, de *A. Del Sarte.*

Appartement de M. le Duc d'Orleans.

Chambre à Coucher.

Deſſus de Porte.

Un Portrait,   de *Raphaël.*

Un Portrait peint en chemife, de *Vandick.*
Une Circoncifion,   *du Doffe.*
Une Vierge, Jefus, Saint Jean, & Saint
  Antoine,   *du Palme.*
Jefus-Chrift au Tombeau,   de *J. Baffan.*
Jefus-Chrift en Croix,   de *Dorigny.*

Deffus de Porte.

Deux Soldats,   *du Feti.*

Dans le Cabinet.

Le Portrait de Jeanne de Sicile , peint
  par   *Raphaël.*
Une Circé ,   *du Guerchin.*
La Maitreffe du Titien ,   *du Titien.*
Le Triomphe de Titus ,   de *J. Romain.*
Portrait de Pontorme ,   de *Raphaël.*
Judith tenant la tête d'Holoferne , peint
  par   *L. Juftrus.*

   Les Tableaux qui ne font point ex-
pofés dans les Appartemens du Roi,
font en dépôt dans les Cabinets de la
Surintendance des Bâtimens, où on les
peut voir ; entr'autres :

Les quatre Elémens ,   de *l'Albane.*
Une Vierge , Jefus , & Saint Jean , peints
  par   *L. de Vinci.*
Une Nôce de Village ,   de *Rubens.*
Grand Payfage ,   *du Dominiqua n.*
L'Ombre de Samuel , qui apparoît à
  Saül ,   de *Salvator Rofa.*
Les quatre Saifons ,   *du Pouffin.*

Plusieurs autres Tableaux ,   *du même.*
Une Suzanne ,   *du Tintoret.*
Venus & Adonis ,   de *P. Veronese.*
Apollon & Daphné ,   de *C. Maratte.*
Une Vierge & Jesus endormi , *du même.*
Grand Paysage ,   de *Paul Bril.*
Une Suzanne ,   *du Valentin.*
Jugement de Daniel ,   *du même.*
Jugement de Salomon ,   *du même.*
Thimoclé ,   *du Dominiquain.*
Venus & Mars ,   de *L. Justrus.*
Baptême de Jesus-Christ ,   *du même.*
Port de Mer ,   de *C. Lorrain.*
Marie de Médicis ,   de *Vandick.*
Portrait de la Reine Marguerite , de
    Rubens.
Moyse retiré des Eaux ,   de *P. Veronese.*
La Naissance de la Vierge, de *P. Cortonne.*
Une Vierge , Jesus , & Sainte Martine ,
    par   *P. Cortonne.*
Et plusieurs autres , tant anciens que modernes.

LISTE DES STATUES.

Grande Cour de Versailles.

à la droite.

Iris.   de *Houseau.*
Junon ;   de *Desjardius.*
Zephire ,   de *Roger.*
Vulcain ,   de *Errard.*
Un Cyclope ;   de *Maniere.*
Autre Cyclope ,   de *Drouilli.*

à la gauche.

Cérès,	de *Tuby.*
Pomone,	de *Mazeline.*
Flore,	de *Maſſou.*
Neptune,	de *Buiſter.*
Thétis,	de *le Hongre.*
Galatée,	de *Houſeau.*

Accompagnement du Fronton de la grande Façade.

Hercule,	de *Girardin.*
Mars,	de *Marſy.*

Grande Façade à la droite.

La Victoire,	de *l'Eſpingola.*
L'Afrique,	de *le Hongre.*
L'Amérique,	de *Renaudin.*
La Gloire,	de *Renaudin.*
L'Autorité,	de *le Hongre.*
La Richeſſe,	de *le Hongre.*
La Généroſité,	de *le Gros.*
La Force,	de *Coyſevox.*
L'Abondance.	de *Marſy.*

à la gauche.

La Renommée,	de *le Comte.*
L'Afie,	de *Maſſou.*
L'Europe,	de *le Gros.*
La Paix,	de *Renaudin.*
La Diligence,	de *Raon.*
La Prudence,	de *Maſſou.*
Pallas,	de *Girardon.*

La Juftice,   de *Coyfevoz.*
La Richeffe.   de *Marfy.*

Dans la grande Gallerie.

La Venus d'Arles,
Un Bacchus,
Une Venus,
Germanicus,   } *Antiques.*
Diane,
Une Prêtreffe,
Uranie,
Une Veftale,

Sur le grand Peron.

Siléne.
Antinoüs,   } En bronze, fondus
Apollon,   }   par les *Kellers.*
Bacchus,
Diane,   de *Roger.*
Apollon,   de *Raon.*

Demie Lune du Baffin d'Apollon.

à la droite.

Titus,
Antinoüs,   } *Antiques.*
L'Abondance,
Apollon,
Orphée,   de *Franqueville.*
Augufte.   *Antiq.*
Un Sénateur,   *Antiq.*

X ij

A la gauche.

Un Sénateur,
Agrippine,
Junon,
La Victoire,
Titus,
Hercule,
Brutus,

} *Antiques.*

Termes à la droite.

Vertumne,	de *le Hongre.*
Junon,	de *Clairion.*
Jupiter,	du *même.*
Sirinx,	de *Maziere.*
Protée qu'on lie.	de *Solds.*

Termes à la gauche.

Pomone,	de *le Hongre.*
Bacchus,	de *Raon.*
Le Printems,	de *Arsis & Maziere.*
Pan,	de *Maziere.*
Ino, & Melicerte,	Grouppe de *Graniere.*

Dans la grande Allée, à la gauche.

Achille reconnu par Ulysse,	de *Vigier.*
Une Amazonne,	de *Buret.*
Didon,	de *Poultier.*
Une Faune,	de *Flaman.*
Venus sortant du Bain,	de *Clairion.*
La Fidélité,	de *le Févre.*
Milon & Crotone,	de *Puget.*

Castor & Pollux,	de *Coyſevoz.*
Un Mirmillon mourant,	de *Monier.*
Apollon Pithien,	de *Mazeline.*
Uranie,	de *Carlier.*
Mercure,	de *Melo.*
Antinoüs,	de *le Gros.*
Siléne tenant Bacchus,	de *Maziere.*
Venus aux belles feſſes,	de *Clairion.*
Tiridate,	de *Déindre.*
Le Feu,	de *Dandré.*
Le Poëme lyrique,	de *Tuby*
L'Aurore,	de *Marſy.*
Le Printems,	de *Maniere.*
L'Eau,	de *le Gros.*
Cléopatre.	de *Vancleve.*

A la droite.

Artemiſe,	de *le Févre.*
Cypariſſe,	de *Flaman.*
La Venus de Médicis,	de *Fremery.*
L'Empereur Commode,	de *Jouvenet.*
Jupiter,	de *Graniere.*
La Fourberie,	de *le Comte.*
Androméde & Perſée,	de *Puget.*
Cinna & ſa femme,	de *l'Eſpingola.*
La Nymphe à la coquille,	de *Coyſevox.*
Jupiter & Ganiméde,	de *Laviron.*
Uranie,	de *Fremery.*
Commode,	de *Couſtoux.*
Fauſtine.	de *Renaudin.*
Bacchus,	de *Graniere.*
Un Faune.	de *Hurtrel.*
Tigrane,	de *l'Eſpagnandel.*
Antinoüs,	de *la Croix.*
La Melancholie,	de *la Perdrix.*

L'Air,	de *le Hongre.*
Le Soir,	de *Desjardins.*
Le Midi,	de *Marſy.*
L'Europe,	de *Mazeline.*
L'Afrique,	de *Guerin.*
La Nuit,	de *Raon.*
La Terre,	de *Maſſou.*
Le Poëme Paſtoral,	de *Graniere.*
L'Automne,	de *Renaudin.*
L'Amérique,	de *Cornu.*
L'Eté,	de *Hutinot.*
L'Hyver.	de *Girardin.*

Termes.

Le Fleuve Acheloüs,	de *Maziere.*
Pandore,	de *le Gros.*
Mercure,	de *Vancléve.*
Platon,	de *Rayol.*
Circé,	de *Maniere.*
Hercule,	de *le Comte.*
Une Bacchante,	de *de Dieu.*
Une Faune,	de *Houzeau.*
Diogenes,	de *l'Eſpagnandel.*
Cérès,	de *Pouletier.*
Apollonius,	de *Melo.*
Iſocrate,	de *Graniere.*
Théophraſte,	de *Heurtrel.*
Liſias,	de *de Dieu.*
Ulyſſe,	de *Maniere.*

L'Orangerie.

Louis XIV.	de *Desjardins.*

Une Iſis de Pierre de Touche, *Antique.*

Parterre du Nord.

Venus la Pudique,	de *Coyzevox.*

Le Rorator,	de *Fremery*.
Le Poëme Héroïque,	de *Drouilly*.
Le Flegmatique,	de *l'Espagnandel*.
Le Poëme Satyrique,	de *Buister*.
L'Asie,	de *Roger*.
Le Sanguin,	de *Jouvenet*.
Le Colerique.	de *Houzeau*.

Fontaine du Dragon.

La Renommée écrivant la vie du Roi,	de *Dominique*. *Gendi*.
Faustine,	de *Fremery*.
Berenice,	de *l'Espingola*.

Le Château de Trianon.

DANS le grand Sallon, on voit Junon & l'enlevement d'Orithie, de *Duverdier*.

Les Tableaux de Fleurs & de Vases qui sont dans les trois piéces suivantes, sont de *Baptiste* & de *Fontenai*.

Dans la seconde Salle, deux Tableaux de Nymphes, de *Blanchard*.

Dans la troisiéme Salle, Venus à sa toillette, est de *Boulongne l'aîné*, l'Amour dormant, est de *Mignard*; & le Jugement de Midas, est de *Corneille l'aîné*. *Boulongne le jeune* a peint sur les portes Venus & Adonis; & Venus avec les Amours. L'Art & la Nature sont de *Boulongne l'aîné*, aussi-bien que Morphée éveillé à l'approche d'Iris, qui est sur la cheminée.

Dans la quatriéme Salle, on y voit aussi *Diane*, Endimion, & Mercure, qui sont d'*Houasse*. Junon qui menace Ino, & Mercure qui coupe la tête à Argus, sont de *Duverdier*. L'Hercule seul, & l'Hercule avec Junon, sont de *Noël Coypel*.

Dans le cinquiéme Sallon, Zéphire & Flore, sont de *Jouvenet*; les quatre vûes de Versailles, sont de *Martin l'aîné*.

Dans la premiere piéce de l'Appartement qui suit, Narcisse, Cyanée, Alphée, & Aréthuse, sont d'*Houasse*.

Dans la seconde, Thétis & Flore, sont d'*Antoine Coypel* : Junon & Flore, de *Boulongne l'aîné*. Sur les portes, sont le Matin, le Midi, le Soir, & la Nuit, qui sont de *Martin l'aîné*.

Dans la troisiémé, six Tableaux de l'histoire d'Apollon, peints par *Noël Coypel, Jouvenet* & *Boulongne le jeune*. Sur la cheminée de la premiere piéce de l'Appartement de feu Monseigneur, S. Luc, peint par *la Fosse*.

Dans l'Anti-chambre, S. Matthieu peint par *Mignard*, & S. Marc, par *la Fosse*.

Dans la chambre des Glaces, S. Jean dans l'Isle de Pathmos, est une des meilleures piéces de *le Brun* ; les quatre paysages font de *le Lorrain*.

Saint Cyr.

L'ABBAYE de Saint Cyr, située à une lieue de Versailles, étoit autrefois de l'Ordre de S. Benoît. Louis XIV. y a fondé en 1686. une Maison de Religieuses sous le nom de S. Louis, & la Régle de S. Augustin. Il assigna en même tems, quarante mille écus de rente pour l'entretien & l'éducation de deux cens cinquante Demoiselles : il y réunit encore en 1693. la Manse Abbatiale de saint Denis en France, qui vaut cent mille livres de rente. Le nombre des Religieuses est fixé à quarante ; & quand il en meurt une, elle ne peut être remplacée que par une des deux cens cinquante Demoiselles, âgée au moins de dix-huit ans. Elles font un quatriéme Vœu, qui est de consa-

crer leur vie à l'éducation des Demoi-
felles, dont le Roi s'eſt réſervé la no-
mination. Il faut, pour y entrer, qu'elles prouvent quatre degrés de Nobleſſe
du côté paternel. Aucune ne peut entrer avant l'âge de ſept ans, ni y de-
meurer paſſé vingt ans & trois mois :
quand elles ſortent, elles ont ou mille
écus en argent, ou une place de celles
que le Roi donne dans divers Couvens. Le Bâtiment eſt beau, il eſt de
Jules Hardouin Manſart, & fut achevé en 1686.

Marly.

LE Château de Marly eſt bâti dans
un Parc de 3764. arpens, à une
lieue de Verſailles, & à quatre de Paris. *J. H. Manſart* en donna les deſſeins. Le corps du Bâtiment eſt quarré,
& a 21. toiſes en tous ſens ; les quatre
faces ſont égales, chacune avec un Perron : orné de grouppes & de vaſes. Le
Pavillon eſt au milieu de douze autres,
mais bien plus petits. Tout ce Palais
eſt d'un goût admirable, auſſi-bien que
les Jardins qui l'environnent. On y

voyoit autrefois une Cascade superbe, mais on l'a détruite à cause des grandes dépenses qu'il falloit faire pour l'entretenir.

Le grand Sallon de Marly, Piéce fameuse par sa beauté & son étendue, est orné de quatre cheminées, sur lesquelles sont peintes les quatre Saisons. Le Printems est d'*Antoine Coypel*, l'Eté de *Boulongne le jeune*, l'Automne de *la Fosse*, & l'Hyver de *Jouvenet*. Les quatre Vestibules qui conduisent à ce beau Sallon, sont ornés de Tableaux de *Vendermeulen*, qui y a représenté les Siéges de plusieurs Villes.

Dans le premier Vestibule.

Luxembourg.
La prise de Luxembourg.

Dans le second Vestibule.

Maestrik.
Cambray.

Dans le troisiéme Vestibule.

Tournay.
Oudenarde.

Dans le quatriéme Vestibule.

Valenciennes.
Et Douay.

Dans l'Anti chambre du Roi, font les prifes des Villes, du même Peintre.

Narden.
Loo.
Et Utrecht.

Dans la Chambre, font les Siéges d'Ypres.
Et Condé.

Dans le Cabinet.
Salins, & Joux.

Et dans le Cabinet qu'occupoit autrefois Madame de Maintenon, il a peint auffi :
Gray.
Et Fribourg.

Martin l'aîné a peint dans l'Appartement de Madame :
Rées.
Orfoy.
Vefil.
Et le Fort de Skenke.

Et dans celui qu'occupoit Madame de Maintenon :
Aire.
Et Duefbourg.

Quatre admirables Grouppes de bronze sont dans les Jardins hauts, appellés *Belveder*, sçavoir :

Mercure qui enleve Pandore, Le Laocoon, Hercule, Et Diane.	de *J. de Boulongne.* *Fondus par les Kellers.*

Aux extrémités de la Baluſtrade qui termine le Jardin, il y a deux magnifiques Chevaux de marbre. Ce ſont les derniers Ouvrages de *Couſtou le pere.*

La Machine de Marly n'eſt pas loin de ce Château, dont elle emprunte le nom. Le Chevalier *de Ville* en eſt l'inventeur ; un bras de la Riviere de Seine en fait tourner les roues. Cette Machine tire ſix cens quarante pouces d'eau, & les éleve à la hauteur de 60. toiſes, d'où par le moyen d'un Aqueduc de cinq cens toiſes, ils ſont portés dans le Réſervoir de Verſailles. Cet Ouvrage eſt le plus beau qui ait jamais paru dans ce genre, & l'on a peine à ſe le figurer auſſi admirable qu'il l'eſt en effet.

Vincennes.

LE Château de Vincennes a été
bâti à plusieurs reprises. Les Rois
y ont fait long-temps leur résidence.
Charles V. y donna la fameuse Ordonnance, qui fixa la Majorité des Rois à
quatorze ans & un jour. Philippe le
Bel, Louis Hutin, Charles le Bel,
& Charles V. y sont morts. Le Cardinal Mazarin, qui en étoit Gouverneur, y fit planter l'Avenue, qui conduit de ce Château à Paris. Marie de
Médicis fit bâtir la Gallerie qui regarde cette Ville; il y a de très-belles
Peintures. *Champagne* a peint le plat-
fond de l'Appartement du Roi. Louis
XIV. en 1660. fit faire les deux corps
de Logis, qui sont du côté du Parc.
Louis le Vau en fut l'Architecte. *Man-
chole*, excellent Peintre Flamand, en
a fait les dedans. *De Seve* a peint les
platfonds de l'Appartement de la Reine. *Michel Dorigny*, gendre de *Simon
Voüet*, y a aussi travaillé. La Porte du
côté du Parc, est un très-beau morceau
d'Architecture. Ce Parc a 1400. arpens

pens, les arbres en étoient presque tous morts, & depuis quelques années, on a abbatu ceux qui restoient pour les replanter sur un dessein plus beau que n'étoit l'ancien. Il y a à Vincennes, une Sainte Chapelle, dont le Bâtiment, quoique Gothique, est un assez bel ouvrage. Les vîtres ont été peintes en appréts par le fameux *Jean Cousin*, c'est un morceau unique.

Le Jugement Universel, Tableau magnifique, qu'on voit dans la Sacristie des Minimes de Vincennes, est du même Peintre : on ne doit pas négliger de l'aller voir.

Il s'est formé depuis peu auprès de ce Château une Manufacture de Porcelaines, dans laquelle l'on fait des Ouvrages pour le moins aussi beaux que ceux du Japon & de Saxe. Le Coloris est même plus vif. Il y a tout lieu d'espérer qu'ils les surpasseront.

Le Château de Meudon.

LE Château de Meudon, à deux lieues de Paris, est bâti sur une éminence, dont la vûe est extrêmement belle. Il fut commencé par *Philbert de Lorme*, qui le bâtit pour le Cardinal de Lorraine; il paſſa enſuite dans la Maiſon de Montmorenci. Le Comte de Servien, Surintendant, & le Chancelier le Tellier, en ont été ſucceſſivement maîtres, & l'ont extrêmement embellis, auſſi-bien que M. de Louvois, qui le poſſéda après eux. A la mort de ce Miniſtre, le Roi échangea Meudon, pour Choiſy-ſur-Seine, qui venoit d'être légué à Monſeigneur par Mademoiſelle. Les Ouvrages que Monſeigneur y a fait faire depuis, l'ont rendu un des plus beaux ſéjours qu'il y ait en France. Louis XIV. y faiſoit deux ou trois voyages par an. *Martin l'aîné* a peint la Gallerie; le Château étoit magnifiquement meublé, mais les meubles furent envoyés en Eſpagne. Les Jardins ſont en Terraſſe, avec des eaux. Ils ſont du deſſein du fameux *le Nôtre*. L'Orangerie en eſt fort belle. Le Parc eſt extrêmement grand, & bien planté; il touche d'un côté à celui de Verſailles, & de l'autre, à celui de Saint Cloud.

Château de Saint Germain.

LA Ville de Saint Germain-en-Laye, est à quatre lieues de Paris : le Roi y a un de ses plus beaux Châteaux ; la Ville est bien peuplée, dans un air admirable. Il y a des Franchises qui contribuent beaucoup à y attirer des Habitans. Il y a aussi plusieurs Hôtels ; celui de Noailles est le plus beau : M. le Maréchal de Noailles est Gouverneur & Capitaine des Chasses. Le Château vieux fut commencé en 1370. par Charles V. & il a été achevé sous François I. Henri IV. fit construire le Château-Neuf sur la grouppe de la Montagne. Louis XIV. qui naquit à Saint Germain, y a fait faire plusieurs embellissemens. Les Jardins sont bordés par la Forêt, qui est coupée par une infinité de routes charmantes. La Terrasse de près d'une lieue, & le Coridor qui regne autour du Château vieux, sont deux choses admirables. Le Tableau qui est sur l'Autel de la Chapelle, est du fameux *Poussin* : c'est un morceau achevé.

Château de Fontainebleau.

LE Bourg de Fontainebleau est dans le Gatinois, à quatorze lieues de Paris : il n'est gueres composé que d'Hôtelleries & des Maisons pour ceux que leur Charge, ou l'ènvie de faire leur Cour, y attire à la suite du Roi. Louis VII. attiré par la beauté des Eaux, commença à y bâtir en 1137. Saint Louis y fit travailler. François Premier fit la Cour de l'Ovale. Henri I·V. a aussi embelli ce Château. Le *Primatice*, Maître *Roux* & *le Salviati*, ont peint à Fresque la Salle des Cents-Suisses. La Gallerie des Cerfs a cent pas de long ; elle regne du côté de l'Orangerie ; & elle est remplie de plusieurs vûes des Maisons Royales. Dans la Gallerie de la Reïne, sont plusieurs Tableaux de Victoires & de Batailles. Les plus belles Peintures qu'on voye à Fontainebleau, sont dàns le Cabinet de Clorinde: Le platfond & les dorures de celui de la Reïne, sont d'une beauté achevée, aussi-bien que de celui du Roi. Dans le Cabinet, est Jo-

conde & une Reine de Sicile, par *Leo-*
nard de Vinry, avec le Portrait de *Mi-*
chel-Ange , peint par lui-même : celui qui regne sur le Jardin , est rempli
de fort belles Peintures. L'Eglise des
Religieux de la Trinité , dits *Mathu-*
rins , est la Chapelle Royale ; c'étoit.
un ancien édifice que François I. fit dé-
molir pour en faire le plus beau morceau de son temps, soit pour la structure , soit pour les marbres , soit pour
les Peintures qui sont de *Freminet*, Pa-
risien , le plus fameux de son siécle. Le
Primatice avoit peint à Fresque la Gallerie des Travaux d'Ulysse ; mais on l'a.
démolie depuis quelques années. Le
Jardin de l'Orangerie est rempli d'Arbres fruitiers des especes les plus rares. Il y a aussi plusieurs Bronzes très-
beaux : une Cléopatre , un Hercule ,
& un Serpent entre deux enfans: Cinq
grandes Cours ; quatre Châteaux , &
autant de Jardins, composent le Palais.
de Fontainebleau.

  La Forêt a 28600. arpens. Le Marquis de Saint Herem , est Gouverneur
& Capitaine des Chasses.

Saint Denis.

SAINT Denis eſt une petite Ville
fort célebre, ſitueé à deux lieues
de Paris : elle a ſoutenu pluſieurs Siéges. L'Abbaye eſt ce qu'il y a de plus
remarquable „ Dagobert I. fit bâtir
l'Egliſe en 630. Elle a été depuis rebâtie pluſieurs fois, le malheur des
temps l'ayant ſouvent ruinée ; le Portail qu'on y voit à préſent, eſt cependant un ouvrage de Charlemagne, mais
le reſte de l'Egliſe a été conſtruit ſous
les ordres de l'Abbé Suger en 1140.
L'Egliſe diviſée en trois parties, la
Nef, le Chœur, & le Chevet, eſt un
bel Edifice, quoique dans le goût Gothique : elle a 390. pieds de long ; 100.
de large, & 90. de haut juſqu'à la voûte. Les vîtres ſont peintes, & d'un
verre fort épais, ce qui la rend un peu
ſombre. La Charpente en eſt admirable, & couverte de plomb ; les Orgues ſont les meilleures de France. La
magnifique Grille de fer, qui ſépare
la Nef d'avec le Chœur, eſt l'ouvrage
d'un Religieux, ou d'un Commis de cet-

te Maison ; elle est un chef-d'œuvre
en ce genre. L'Autel est antique, orné
de Bas-reliefs, dont trois sont d'or,
& deux de vermeil ; le devant de cet
Autel, qui est un autre Bas-relief aussi
de vermeil, pese deux cent marcs ; à
côté est toujours l'Autel funebre du
Roi dernier mort.

Les Tombeaux sont ce qui attire le
plus d'Etrangers à Saint Denis ; c'est
aussi ce qui mérite le plus d'être vû,
quoique ceux de la premiere race soient
simples, & n'ayent été élevés que
long-temps après leur mort.

Les Tombeaux du Chœur, sont :

Dagobert Fondateur, Pepin le Bref
& la Reine Berthe ; Louis & Carloman, Frere & Fils de Louis le Begue ;
Marguerite de Provence, Femme de
Saint Louis ; Philippe le Hardi ; Isabelle d'Aragon, & Philippe le Bel ;
Charles Martel ; Charles le Chauve,
Empereur & Roi ; Philippe-Auguste ;
Louis VIII. Louis IX. Hugues le
Grand; Louis X. dit *le Hutin*; Jean, son
fils posthume : Jeanne, Reine de Navarre ; Eudes & Hugues Capet ; Robert le Pieux, Constance d'Arles sa-

Femme ; Henri I. Louis VI. *ou le*
Gros ; Charles VI. en marbre noir ,
orné de figures de bronze doré. Phi-
lippe, fils de Louis le Gros ; Conſtance
de Caſtille, ſeconde Femme de Louis
VII. Carloman , Roi d'Auſtraſie ;
Hermentrude , premiere Femme de
Charles le Chauve ; Philippe V. dit *le*
Bel ſon Epoux ; Jeanne de Bourgogne,
Femme de Philippe le Long ; Philip-
pe de Valois, & le Roi Jean.

Auprès de la Sacriſtie baſſe , eſt le
Tombeau de Marguerite, Comteſſe de
Flandres ; enſuite le magnifique Mau-
ſolée de François I. & de Claude de
France ſa Femme ; Louiſe de Savoye,
ſa mere ; François, Dauphin de France : Charles & Charlote de France , ſes
enfans y ſont auſſi inhumés. Le Tombeau de l'Abbé Suger eſt près de l'Autel de ſaint Benoît, dont la belle Statue qu'on y voit , eſt de la main de
Tuby. Dans la Chapelle de Charles V.
ſont, le Roi , Jeanne de Bourbon ſa
Femme ; Jeanne & Iſabelle, Charles
VI. Iſabelle de Baviere, Charles Dauphin ſon fils, Charles VII. Marie
d'Anjou, Bureau de la Riviere, Chambellan de Charles V. Louis de Sancer-

re,

re, Maréchal de France ; Arnaud Guil-
helm de Barbafan Faudoas, Chambellan de Charles VII. en bronze ; & Bertrand du Guefclin, Connétable.

Dans la Chapelle de S. Euftache,
eft le beau Tombeau de M de Turen-
ne, fait par *Tuby*, fur les deffeins de *le
Brun* : il y en a peu de pareils en France.

Dans la Chapelle de Notre-Dame la
Blanche, font, Marie & Blanche, filles de Charles IV. & de Jeanne d'E-
vreux ; & auprès, Tanegui du Chatel,
Chambellan de Charles VII. & fameux
pour fon attachement à ce Prince.

Catherine de Médicis fit faire par
Philbert de Lorme, le magnifique
Tombeau des Valois : Henri II. & cette Reine y font enterrés avec François
II. Charles IX. Henri III. le Duc
d'Alençon, Marguerite Reine de Navarre, un Prince & deux Princeffes
mortes jeunes, tous leurs enfans : ce
Tombeau eft une des plus belles chofes
qu'on puiffe voir en France. Celui de
Louis XII. & d'Anne de Bretagne, eft
un très-beau morceau d'Architecture
de marbre blanc, de vingt pieds de
long, neuf de large, & dix-huit de
haut ; il eft de *Paul Ponce*, Florentin ;

les ornemens en sont d'une grande beauté. Dans la Chapelle de saint Hippo-
lyte, est le Tombeau de la Reine Blanche, seconde femme de Philippe de
Valois & de Jeanne de France, leur
fille : les Tombeaux sont en marbre
noir, & les Statuës en marbre blanc.
C'est dans cette Chapelle que se voit
aussi un Crucifix, copié d'après celui de
Luque,

Dans le Trésor de saint Denis, on
voit quantité de choses singulieres, ren-
fermées dans six grandes Armoires,
J'ai entendu dire à plusieurs Connoisseurs, avec qui je l'ai vû, que la seule
piéce d'Agathe Orientale, qui est un
Vase, où est représentée une Bacchanale, valoit mieux que tout le Trésor
entier. Je le croi un des plus riches de
la Chrétienté, après celui de Lorette
& de saint Marc à Venise. Il y a un
Religieux qui le montre, & qui en fait
l'explication aux Curieux ; c'est pour-
quoi je me dispense d'entrer ici dans
un plus grand détail.

Saint Cloud.

SAINT Cloud est à deux petites
lieues de Paris ; c'est un des plus
beaux Palais de France : il étoit autrefois à la Maison de Gondi. Louis XIV.
l'acheta en 1658. pour Monsieur. On
y a fait depuis des dépenses immenses ;
les Peintures y sont très-belles ; les
lambris du Sallon du Billard, sont des
Portraits au naturel de plusieurs Princes & Princesses ; dont le nom est marqué. *Mignard* y a peint plusieurs Piéces, entr'autres la fameuse Gallerie
d'Apollon, & ses deux Sallons : elle a
treize croisées de chaque côté ; les Trumeaux sont couverts de Peintures, qui
représentent différentes Maisons Royales, ou Châteaux.

A la droite sont :

Chantilly.
Villers-Cotterets.
Ranci, à présent Levri.
Sceaux.
Trianon.
Le Plessis.

Z ij

Vaux - le - Vicomte , à présent Vaux-
le-Villars.
Le Palais-Royal.
Saint Germain.
Clagny.
Les Thuilleries.
Saint Denis.
Le Luxembourg.

A la gauche sont :

Fontainebleau.
Vincennes.
Le Château-Neuf de Saint Germain.
Versailles.
Blois.
Marimont.
Maisons.
Le Val.
Le Pavillon de Saint Cloud.
Versailles , du côté de l'Orangerie.
Chambort.

*Les Tableaux qui sont au-dessus de la
porte , en entrant.*

La naissance d'Apollon & de Diane.

Au milieu de la Gallerie.

Le Lever du Soleil.

Du côté du Jardin.

Le Printems.
L'Hyver.

Du côté de la Cour.

L'Eté.
L'Automne.

Au-dessus des deux fenêtres du bout.

Apollon qui invente la Musique.

Les quatre plus petits du Platfond font :

Climéne qui présente Phaëton au So-
leil.
Apollon & la Vertu.
Circé & l'Amour.
Icare tombant.

Des huit Bas-reliefs en Camayeux,
qui font placés dans cette Gallerie,
dans des bordures dorées, les deux plus
grands font :

Le Défi de Marfyas à Apollon.
Apollon qui fait écorcher Marfyas.

Deux autres moins grands.

Apollon & la Sybile à genoux devant
lui.

Apollon & Esculape auprès de lui.

Les quatre autres Bas-reliefs qui sont placés dans l'autre moitié de la Gallerie, sont :

La Métamorphose de Ceronis.
Celle de Daphné.
Celle de Clitie.
Et celle de Cyparisse.

Le Parc de Saint Cloud a quatre lieues de tour ; les Jardins y sont magnifiques, dans une très-belle situation, avec des jets d'eau d'une hauteur extra-ordinaire. Le Labyrinte, les Bassins & l'Orangerie, sont des Piéces très-belles. Les Cascades sont d'une beauté achevée ; la plus haute est du dessein de *le Pautre. J. H. Mansart* a donné celui de la seconde. L'Archevêque de Paris a le titre de Duc de Saint Cloud, & en est Seigneur.

Sceaux.

CE Château qui a appartenu autrefois à M. Colbert, est un magnifique Endroit. La nature & l'art ont concouru à l'embellir. Tout y est admirable. Les Appartemens sont remplis de Meubles précieux. Cette superbe Maison appartient à S. A. S. Madame la Duchesse du Maine. Le Dôme de la Chapelle est un des chefs-d'œuvre de *le Brun*. L'Autel est orné de deux Statuës sculptées par *Girardon*.

Les Jardins sont grands, & magnifiquement décorés. La Gallerie faite pour servir d'Orangerie, est superbe, & a été trouvée trop belle pour cet usage. La grande Cascade fait un très-bel effet. Il y a un fort beau Canal. En un mot, il y a de quoi se satisfaire. La situation en est des plus avantageuses.

Le Potager contient le Pavillon de l'*Aurore*. Il est ainsi nommé, parce que *le Brun* y a peint cette Déesse. Cet Endroit mérite également d'être vû.

Clagny, près Versailles.

IL appartient à S. A. S. Mgr le Prince de Dombes. Louis XIV. l'avoit fait bâtir pour Madame de Montespan. Les desseins sont de *Jules Hardouin Mansart*. Tout le Château est d'un grand goût ; la cour & l'escalier en font les p<s></s>us remarquables.

Les petits Canons qu'on voit dans les Salles, font un préfent que les Officiers de la Ville de Paris firent à Mg^r le Duc du Maine, lorfqu'il fut reçû Grand-Maître de l'Artillerie.

Les Jardins font du deffein de *le Nautre*.

Chantilly.

CHANTILLY eft un Bourg, avec un magnifique Château, à neuf lieues de Paris, près Senlis. La Forêt contient fept mille fix cent arpens. Il y a au milieu une Place, dont la figure eft ronde, & que l'on appelle *la Table*, douze grandes Allées viennent y aboutir. La principale Avenue du Château a environ une lieue de long, & fix toifes de large. Au bout de cette Avenue, fe trouve une demie Lune avant d'arriver au Château.

Le Pont-levis eft entre deux Pavillons. L'on monte fur une Terraffe, au milieu de laquelle, & en face du Château, l'on voit la Statuë Equeftre du

Connétable de Montmorenci en bronze, il y eſt repréſenté armé à l'antique,
l'épée nuë à la main; ſon Caſque à terre,
ſoutient un des pieds du Cheval. Le
tout eſt fort eſtimé des Connoiſſeurs.

La Porte du Château eſt rebâtie à la
moderne, & ornée de Sculptures; les
dehors des Bâtimens du côté de la
cour, ſont remplis de Sculptures &
d'Ornemens. Les Appartemens ſont
grands & richement meublés. Les Sallons ſont magnifiques. La Salle d'Armes eſt bien remplie, & mérite d'être
vûë. La Chapelle eſt fort belle. Le petit
Château étoit anciennement la Capitai-
nerie du temps de MM. de Montmorenci. Les Ornemens du dehors ſont
des Pilaſtres d'Ordre Corinthien. Le
Logement du rez-de-chauſſée, eſt com-
poſé de deux Appartemens ſéparés
par une Salle qui leur eſt commune, &
ornée de Tableaux, qui repréſentent
les plus belles Maiſons des Environs de
Paris. Les autres Piéces ſont ornées
de Peintures. Le premier Appartement
eſt de plein-pied avec le rez-de-chauſ-
fée de la Cour du grand Château, au
moyen d'un Pont qui traverſe le grand
foſſé. Au bas de cet Appartement qui

eſt très-beau, eſt une Gallerie ornée de grandes Glaces dans des bordures ſuperbes. Au bout de la Gallerie, l'on voit un Portrait du grand Condé, peint par le vieux *Juſte*. Ce Héros y eſt repréſenté dans ſa grandeur. Outre ce Tableau, pluſieurs ſe voyent dans les Trumeaux entre les croiſées & les Glaces. Ces Tableaux repréſentent, ſelon l'ordre des temps, une Campagne de ce grand Prince. Ces Peintures ſont de *le Comte*. Les Jardins ſont d'autant plus beaux, que les Eaux y ſont ſuperbes & naturelles, elles vont jour & nuit; enfin c'eſt un ſéjour enchanté.

La Ménagerie, dont la principale porte donne ſur une des Allées du grand Canal, offre un Appartement meublé avec beaucoup de goût, mais ſimplement. Le grand Sallon, de la maniere dont il eſt tourné, paroît être le Temple de la Déeſſe Iſis, dont les Peintures repréſentent l'Hiſtoire. Dans une des Cours, l'on trouve pluſieurs Pavillons ſéparés les uns des autres, deſtinés à loger les Animaux. La Gallerie des Cerfs, le Pavillon des Etuves, l'Orangerie & la Faiſanderie, ſont d'une grande beauté. Le Parc eſt d'en-

viron une lieue & demie de long. Le
Bourg est fort beau. Nous ne pouvons
mieux finir la Description de ce fameux Endroit que par les Ecuries, dont
les Bâtimens qui en dépendent, composent un Corps d'Architecture extrê-
mément grand & magnifique.

Cette Ecurie est d'alignement à la
croisée du grand Cabinet de l'Appartement du petit Château, de sorte que
de ce Cabinet, les Portes des deux
bouts ouvertes, l'on voit au travers de
l'Ecurie, l'Allée d'arbres, qui est à côté du Réservoir, laquelle est éloignée
de plus de deux cent toises de ladite
Ecurie.

Elle contient quatre-vingt-seize toises de longueur, sur neuf toises de largeur. Elle est terminée à chaque bout
par un Pavillon, lesquels ont des portes de douze pieds de large, sur vingt-
deux de haut, au-dessus desquelles sont
des amortissemens qui soutiennent trois
têtes de chevaux en face, avec leur poi-
trail & jambes saillantes. L'entablement de ces Bâtimens est couronné
d'une Balustrade de pierre de six pieds
de haut, tournant tout au pourtour du
Bâtiment. Le Pavillon du milieu a

quatorze toifes , trois pieds de large
hors d'œuvre. Le grand Pan dans lequel eft la grande porte, a dix toifes,
trois pieds de haut ; & dans fon milieu
une Arcade de trente-cinq pieds de large, ornée de Refaux tournans au pourtour de ladite Arcade. Dans le milieu
de leur Arcade eft un avant-Corps
de vingt-fept pieds de large, orné de
Refaux, dans lequel eft une grande
Porte de feize pieds entre les deux Tableaux, fur trente pieds de haut, avec
un chambranle au pourtour. Au milieu
eft une riche agraffe avec deux Confoles, lefquelles portent une corniche
avec un amortiffement au-deffus, jufqu'au ceintre de l'Arcade, dans le renfoncement de laquelle font trois chevaux en pieds de demi-boffe, & dans
différentes attitudes. Les côtés de l'Arcade font ornés de deux Pilaftres, avec
leurs Bafes & Chapiteaux d'Ordre Ionique, portant l'entablement & des
Chiffres de S. A. S. dans la frife. La
corniche eft ornée de Confoles & de
Rofes entre deux. Au milieu & dans
un grand Cartel, font les Armes de
S. A. S. tenues par deux Anges, fur
des nuages. Au pourtour font des fef-

tons de feuilles qui l'accompagnent, &
qui tombent fur l'appuy de la Baluftrade en tables, de deux Groupes de
Lions, qui font au-deffus des Pilaftres
de ladite façade ; le comble du gros Pavillon eft terminé par une Terraffe,
fur laquelle eft le Cheval de la Renommée en plomb, de douze pieds de
proportion. Les combles des autres Pavillons font ornés de Sculptures, &
couronnés de Trophées d'Armes.

Cette Ecurie eft coupée dans fon milieu par le dôme du gros Pavillon au
rez-de-chauffée dudit Pavillon. Vis-à-
vis la grande porte, eft un renfoncement embrafé, pareil à celui de l'autre porte, formant une grande Arcade fermée en cul-de-four, dans laquelle on a pratiqué une Fontaine,
dont les Eaux fe répandent dans deux
grandes Coquilles l'une fur l'autre. La
plus grande eft foutenue par deux
Dauphins de plomb. Ces Coquilles
forment deux très-belles nappes d'eau.
Cette eau fe répand dans une grande
Cuvette, ornée d'Architecture, & de
dix pieds de long fur neuf dans fon milieu, fervant à abbreuver les chevaux.
Dans cette Cuvette font deux chevaux

de plomb de grandeur naturelle, l'un
desquels paroît boire dans la grande
Coquille. Il est appuyé sur un Enfant
qui sonne du cor auprès de lui. L'autre semble boire dans une conque Marine, qui lui est présentée par un autre Enfant. Le fond de la Fontaine est
garni de glaçons, de rocailles & de
deux palmiers en forme de colonnes,
avec deux Enfans dans le haut, tenans
un grand Cartel orné d'Attributs, &
dans lequel est l'Inscription suivante :

Louis Henri de Bourbon, septiéme Prince
de Condé, a fait construire cette
Ecurie, & les Bâtimens
qui en dépendent.
Commencés en 1719. & finis en 1735.

Les murs de ce Pavillon, à côté de
la grande Porte & de la Fontaine, sont
ornés de quatre Cerfs en pieds, peints
au naturel, avec des Terrasses & quelques Arbres aussi peints au naturel. Il
peut tenir dans cette Ecurie deux cent
quarante Chevaux fort à leur aise. Les
murs sont percés de chaque côté de
croisées, qui forment des Lunetes
sphériques dans la grande voûte, sé-
parés par des Arcs doublaux, ornés de

Têtes de Cerfs, avec des Cartels &
des Guirlandes de feuilles de chêne ;
le tout peint au naturel.

Les deux bouts de l'Ecurie font terminés au-deſſus des Portes d'entrée,
par deux Chaſſes en Sculpture , l'une
de Loup, & l'autre de Sanglier ; le tout
auſſi peint au naturel.

Sur la voûte de l'Ecurie , font vingt-
quatre Appartemens, compoſés chacun d'une Chambre & Garderobe.
Ceux des bouts dans les Pavillons, ont
un Cabinet de plus, ſans compter dix
Chambres, qui font dans les combles
des Pavillons.

A côté de l'entrée de l'Ecurie, du
côté du Château, eſt un gros Pavillon,
pareil à celui de l'Ecurie. Il y a dans
ce Pavillon dix Appartemens & deux
Eſcaliers.

Entre le Pavillon de l'Ecurie, & celui qui eſt ſur la ruë, eſt le Manege
découvert, dont la façade eſt de même hauteur & Architecture que les
Pavillons, excepté les trois Entrées,
leſquelles font ſéparées les unes des
autres par une colonne iſolée, avec ſon
pilaſtre ſur le mur, ayant deux colonnes à chaque bout d'ordre Ionique,

Ces colonnes portent l'entablement furmonté d'une Baluftrade, fur l'appui de laquelle s'éleve un Trophée de fix toifes de face fur vingt pieds de haut, dans le milieu duquel eft le chifré de S. A. S. accompagné d'Armes, de Feftons & Guirlandes de fleurs, & terminé par deux Chevaux, dont les jambes font en l'air, & paroiffent fe cacher pardeffus l'appui de la Baluftrade. Les clefs de chaque Arcade font ornées d'Animaux & de Trophées de Chaffe. De cette Baluftrade, l'on peut faire le tour des Bâtimens fans interruption. Près du Manege, font les Remifes, dont la Cour contient vingt-trois toifes, quatre pieds de long, & 22. toifes, quatre pieds de large.

Les Chevaux malades ont auffi deux Ecuries, au-deffus defquelles font plufieurs Appartemens, de même que plufieurs Cours féparées les unes des autres, où font les Logemens des différentes perfonnes, qui ont leur emploi dans ce fuperbe Edifice.

Les Chenils font auffi magnifiquement décorés que le refte. Le deffein de ce vafte Bâtiment eft du fieur *Jean Aubert*, Architecte.

Choify

Choisy-le-Roi.

CETTE Maison a appartenu à Madame la Princesse de Conti, seconde Douairiere. Elle est fort belle, & richement ornée. On l'a appellée *Choisy-Mademoiselle*, parce qu'elle a appartenu à Mademoiselle de Montpensier. Les Jardins y sont fort beaux, & l'on y admire entr'autres, huit Statues, qui sont d'*Anguier*, copiées d'après des Antiques qu'on voit à Rome.

Choisy appartient aujourd'hui au Roi, qui y fait faire des Bâtimens superbes, & on l'appelle de son nom. L'on y fait des augmentations si considérables tous les jours, qu'il faut attendre qu'ils soient achevés pour en donner la Description.

Issy.

LA Maison que S. A. S. M. le Prince de Conti, a à Issy, est fort belle, soit par le Bâtiment, qui est bun très-bon goût, soit pour les Meubles qui font fort riches : les Jardins font auſſi fort beaux.

Le nom du Village d'Iſſy, vient de la Déeſſe Iſis, qui y avoit ſon Temple. Voyez le Pere Dom Montfaucon dans ſes Antiquités.

Venvres.

CE Village , ſuivant quelques Chroniques, a ſervi de Titre à François I. qui, pour tourner en ridicule la nombreuſe Liſte des Titres que prenoit Charles-Quint , ne ſe ſervoit, en lui faiſant réponſe, que de la qualité de Roi de France , & Seigneur de Goneſſe & de Venvres. L'on fait dans ce Village d'excellent Beurre.

Le Château a été bâti en 1698. ſur les deſſeins de *Jules-Hardouin Manſart* , & dans une ſituation très-agréable. La vûë n'en eſt bornée d'aucun côté. Les Jardins en ſont magnifiques , quoique le Parc ne ſoit pas d'une grande étendue ; d'ailleurs les ornemens de la nature & de l'art, embelliſſent extrêmement cet Endroit, qui appartient à S. A. S. M. le Prince de Condé.

Saint Maur.

CE Château a appartenu à Madame-la Duchesse de Bourbon, Douairiere. Le goût, la magnificence & la délicatesse qu'on a admiré à son Palais à Paris, doit donner une idée de sa Maison de Plaisance. La situation en est des plus favorables, étant sur les bords de la riviere de Marne.

Bagnolet.

BAGNOLET étoit à Madame la Duchesse d'Orléans, morte en 1749. & aujourd'hui à M. le Duc de Chartres son petit-fils. La Maison est grande & agréable, & les Jardins, qui sont fort bien disposés, sont aussi d'une grande étendue.

Il faut avoir un billet pour voir cette Maison : ce qui n'est pas difficile, mais indispensable.

Une Bagnolette de femmes, est une espece de coeffe dont elles se servent. On l'appelle ainsi, de ce que Madame

la Duchesse d'Orléans l'inventa étant à
Bagnolet.

Conflans.

LA Maison de Conflans doit ses
beautés à la nature & au goût de
François de Harlay, Archeveque de
Paris; elle appartient à l'Archevéché:
c'est la Maison de Plaisance des Arche-
vêques de Paris; elle est agréablement
située. Les Appartemens du Château
sont magnifiques. La Gallerie néanmoins où l'on trouve des Peintures des
plus fameux Peintres, forme la Piéce
la plus remarquable.

Le Jardin est composé de trois Terrasses l'une sur l'autre. Le célébre *le*
Nautre a corrigé habilement les défauts du Terrein. Il y a de magnifiques Treillages. Le platfond de la petite Grotte ou Pavillon, qui donne sur
la Riviere, est orné de Peintures, qui
sont des chefs-d'œuvres de *le Sueur*. Il
y a plusieurs jets d'eau, lesquels ne pa-
roissent point, & mouillent, lorsqu'on
veut, ceux qui sont dans cette Grotte,
au milieu de laquelle est un Bassin rond
de marbre blanc.

Le Mail a cent trente toiſes de long.
Près la Riviere, eſt une Pompe, laquelle fournit de l'eau à cette Maiſon,
qui eſt un ſéjour charmant.

Maiſons.

IL y a peu de Châteaux aux Environs
de Paris, de cette grandeur, & de
cette beauté. Il a été bâti par *François
Manſart*, aux dépens de M. de Lon-
gueuil de Maiſons, Surntendant des
Finances, d'une des premieres Famil-
les dans la Robbe, & la p'us riche.
Tout y eſt remarquable, & entr'autres,
la porte d'entrée, & celle qui va au Jardin, leſquelles ſont d'un travail fini.

Les Écures ſont magnifiques, les
Jardins parfaitement beaux, & très-
grands, ils ſont terminés par la Riviere de Seine.

Montmorency.

LA Maiſon de Monſieur Crozat à
Montmorency, eſt une des plus
agréables de nos Environs. Outre le

mérite de l'Architecture, qui en est correcte, on y admire un platfond par *la Fosse* : ce fameux Maître y a représenté Phaéton, qui demande à son Pere le gouvernement du Char. Elle a appartenue à M. le Brun, & les Jardins qui répondent à la beauté du Bâtiment, sont de son dessein.

Dans l'Eglise de Montmorency, Paroisse & Chapitre, desservi par les Prêtres de l'Oratoire, laquelle est plus belle que plusieurs Cathédrales du Royaume, il y a le Tombeau du Connétable de ce nom. C'est un des plus beaux qu'on voye en France. Il a été sculpté par *Barthelemi Prieur*. Le Connétable y est représenté avec son Epouse en marbre & en bronze. L'on voit aussi dans cette Eglise, une Châsse élevée derriere l'Autel, où est le Corps entier de S. Felix. C'est dans cette Eglise qu'est la Sépulture des Princes & Princesses de la Maison de Condé.

Vaux-le-Villars.

CETTE magnifique Maison est du dessein de *le Vau*. M. Fouquet n'avoit rien épargné pour en faire quelque chose de beau. Elle appartient présentement à M. le Duc de Villars. La situation en est des plus avantageuses. Le Bâtiment est beau , & les Appartemens sont enrichis des Peintures de *le Brun*. Les Jardins sont fort grands. Les Eaux y sont charmantes. Il y a une magnifique Cascade. La Grotte est fort belle. Le Canal est grand. En un mot , suivant M. de Scuderi , M. Fouquet a divisé un Rozier en nombre de Fontaines , & réuni ces Fontaines en Torrens.

Arcueil.

CET Endroit est connu par ses Eaux & son Aqueduc. Cet Aqueduc a environ deux cent toises de long , & douze de haut. Il y a en tout vingt Arcades. Ce Bâtiment est soutenu par des pilliers & de grands contre-forts, qui montent jusqu'à la corniche. La conduite des Eaux est-au-dessus de cette corniche. Il·y a un Canal au milieu, & des Banquettes des deux côtés, pour y pouvoir marcher à pied-sec. Il y a des ouvertures pour donner du jour dans l'Aqueduc.

Il y a dans ce Village une Maison, qui a de grandes beautés. La riviere de Biévre en parcourt le Jardin dans toute sa longueur. C'est dommage que cette Maison, qui a fait les plaisirs des Princes de la Maison de Lorraine, & qui par elle-même est fort belle, soit abandonnée.

Rambouillet.

CE superbe Château appartient à S. A. S. M. le Duc de Penthiévre, Amiral de France. Il·est dans un fond, au milieu des Eaux & des Bois. Il est bâti à l'antique, tout de briques, & flanqué de cinq grosses-Tours.

L'Appartement du Roi est magnifiquement meublé. Les autres Appartemens sont tous différemment meublés.

Les

Les Appartemens bas font au rez-de-chauffée du Jardin, lequel eft fort grand, & comme partagé en deux par le Château. Le Parc contient 2400. arpens. La Forêt ou les Bois qui appartiennent à S. A. S. confiftent en trente mille arpens. Cette Terre qui ne rapportoit qu'environ dix mille livres de revenu lorfque M. le Comte de Touloufe l'achetât, eft aujourd'hui une des plus grandes qu'il y ait.

L'Eglife du Village eft affez grande, M. le Comte de Touloufe y a élu fa Sépulture. La Cure de cette Eglife, qui ne valoit qu'environ mille livres de revenu, par les bienfaits de S. A. S. eft actuellement une des plus riches du Diocèfe de Chartres.

Frefne.

CETTE Maifon eft proche de Meaux. La Chapelle du Château eft en petit, ce qu'auroit dû être le Val-de-Grace, dont l'on avoit confié la conduite à *François Manfart*, à qui on l'ôta, lorfqu'il l'eut pouffé jufqu'au rez-de-Chauffée, & dont il fut fi pi-

qué, que pour s'en venger il entreprit
cette Chapelle, où il a si bien réussi,
qu'elle passe pour ce qu'il y a de plus
beau dans le Royaume.

Le Château est composé d'un seul
Corps de Logis, décoré de trois Or-
dres d'Architecture. Des deux côtés du
Château s'avancent deux Pavillons. Ce
Château appartient à M. le Chance-
lier Daguesseau.

────────────

Yvry.

CETTE Maison est presque sur le
bord de la Riviere de Seine. Elle
a été bâtie pour M. Claude Bosc du
Bois.

L'Avenuë commence au grand che-
min de Paris. Les vuës des Appartemens sont charmantes. Le Parterre
est fort beau, & orné d'un Bassin, avec
un jet-d'eau, & d'une Terrasse pallis-
sadée des deux côtés de charmilles. Au
milieu de l'Allée des Orangers, il
y a un Bassin qui reçoit les eaux des
Cascades, lesquelles sont au haut du
Jardin. La Terrasse où est la Statuë de
Louis XIV, a une vuë charmante. Il

y a au bout un petit Pavillon quarré
fort agréable.

Cette Maison appartient à M. le
Marquis de Beringhem.

Villeneuve - le - Roy.

CE Village est à trois lieues de Paris, & est remarquable par la
belle Maison de feu M. le Pelletier,
Controlleur Général des Finances, &
Ministre d'Etat.

Une très-belle Avenuë d'Ormes
conduit par une porte grillée à deux
grandes avant-cours ; une grande Grille les sépare de la cour du Château, lequel est composé d'un Corps de Logis
en face, & de deux aîles. Au haut du
Perron, l'on entre dans un Sallon orné de Peintures, qui représentent différentes Chasses. Ce Sallon partage les
deux grands Appartemens bas, lesquels sont fort bien distribués. La Chapelle est de plein pied ; elle est fort ornée. Le Tableau de S. Louis passe
pour un des meilleurs de *le Brun.* Au-
dessus du Sallon du rez-de-chaussée,
l'on en trouve un autre magnifique, le-

quel partage les Appartemens qui sont au nombre de six. La Gallerie où est l'histoire de Moïse , est peinte par *Bourdon*. Les vûës en sont charmantes. Du Sallon d'en-bas, l'on entre dans les Jardins qui sont d'une grande beauté. Le Parc contient environ cent vingt arpens. L'on en sort par une grande porte grillée, & l'on entre dans une large Avenuë de huit cens toises de long, laquelle vous conduit jusques sur les bords de la Riviere de Seine.

Bercy.

CE Château d'une forme réguliere, est de *Fr. Mansart*. Les Vûës sont charmantes. Les Peintures très-estimées ; le Sallon magnifique ; les Jardins spacieux, très-bien décorés, & accompagnés d'une Terrasse qui regne sur le bord de la riviere de Seine.

La Maison de M. Pajot Dos - en-Bray, située également sur le bord de la Riviere, est bâtie avec goût. Il y a un si y beau Cabinet de Curiosités naturelles. Les Jardins sont du fameux *le Nôtre,*

LISTE DES TABLEAUX
du Palais Royal.

NOus aurions défiré remplir la pro-
meffe que nous avons faite de donner l'état des Tableaux du Palais Royal,
ainfi qu'ils ont été numérotés ; mais la plus
grande partie des numeros ne fe trouvant
plus fur les Tableaux, nous en donnons l'é-
tat, ainfi qu'ils font arrangés actuellement
dans les Appartemens *. Ce n'eft pas qu'il
n'arrive quelquefois des changemens, mais
ils ne font pas confiderables.

L'état que nous donnons au Public, eft
celui dont l'on fe fert dans les Appartemens lorfque l'on les montre : c'eft ce que
nous pouvons certifier, en ayant obtenu un
exemplaire dont nous avons fait ufage après
l'avoir vérifié.

Par cet état, il eft aifé de voir quels tré-
fors de Peinture font renfermés dans ce
Palais.

Chambre à coucher.

Aux deux côtés du Lit.

Un Crucifix,   d'Ann. Carrache.
Un Portement de   de Ant. Sacchi.
Croix,

Quatre deffus de Porte ovales.

Philippe II. Roi   du Titien.
d'Efpagne,

* En Septembre 1749.

Bbiij

Marie de Médicis,　　　de A. Vandick.
Portrait de Sneydre,　　du même.
—— de sa femme.　　　du même.

Gallerie du Billard.

Dessus de Porte.

Adoration des Rois,　　de Carlette Veronese.
Enlevement de Pro-　　de Nicolo del Abate.
serpine,

Sur le Côté.

Deux Paysages,　　　de Sin. Scorza.
Bain de Diane,　　　du Titien.
Deux Paysages,　　　de Sin. Scorza.
Hercule & les Che-　　de le Brun.
vaux de Diomede,
Nourriture d'Her-　　de J. Romain.
cule,
Une Ferme,　　　　de Fr. Bassan.
Sainte Famille,　　　du Carrache d'après
　　　　　　　　　　le Correge.
Deux Paysages.　　　de Sin. Scorza.

Près la Cheminée.

Jugement de Paris,　　de Rubens.
Empereur à cheval,　　de J. Romain.
Deux Tabl. La Ba-　　de Wandervelde.
taille de Lepanthe,
Descente de Croix,　　du Tintoret.
Deux Paysages,　　　de Sin. Scorza.
Naissance de Bac-　　de J. Romain.
chus,
L'Arche de Noé,　　de L. Bassan.
S. Jean-Baptiste,　　de L. Vargas.

Le Comte de Castillon,	du Titien.
Susanne & les Vieillards,	de l'Ecole du Guide.

Entre les Croisées.

Archimede tué par un Soldat,	de Fr. Mole.
Judith,	de Gerard Honstort.
Jupiter & Jo,	de J. Romain.
Un Homme assis.	de Maria Tintoretta.

Petite Gallerie sur la Place Royale.

Sur la Porte.

Un Concert,	du Titien.

A gauche en entrant.

Portrait d'homme à mi-corps,	de J. Bassan.
Consistoire Romain,	du Tintoret.
Madeleine,	du Correge,
Sybille,	du Dominiquain,
L'Air,	de Breugle.
Paysage,	de Scorza.
Saint Etienne,	d'Ann. Carrache.
Le Paralitique,	de Fr. Bassan.
L'Enfant Prodigue,	du même.
Sainte Famille,	du Bassan.
Petite Descente de Croix,	de M. Ange.

Après la deuxiéme Croisée.

Paysage,	de Mastelletta.
Vision de S. François,	du même.

Portrait d'homme,   *du Tintoret.*
Autre d'un jeune   *du même.*
   homme,
Tête de Moine,   *du Bernin.*
Tête de S. Pierre,   *du Baroche.*
Gros Garçon (le   *du Correge.*
   Rougeau,)

Après la troisiéme Croisée.

Danse de Paysans,   *de Watteau.*
Junon qui plafonne,   *du Cavédon.*
Petite Ste Famille,   *du Schidon.*

Après la quatriéme Croisée.

S. François, Sainte   *du Parmesan.*
  Famille,
Mater Dolorosa,   *de M. Ange.*
Present. au Temple,   *du Tintoret.*
La Vierge, Jesus,   *du Cavédon.*
  & S. Ambroise,

Après la cinquiéme Croisée.

Tête de Femme ren-   *de L. de Vinci.*
  versée,
Un Concert,   *du Titien.*
Disciples d'Em-   *de H. Scarcelin.*
  maüs,
S. Jerôme, & la   *de Buonacorsi.*
  Trompette,
La Madeleine,   *du Titien.*
Galatée,   *de L. Marati.*
Portrait de Hugues   *de Ant. More.*
  Grotius,

Sur une Porte.

Martyre de S. Barthele-	de Aug. Carra-
mi,	che.
Hérodias,	du V. Palme.

Détour à gauche.

L'Amour travaillant son Arc,	du Correge.
Femme qui se baigne,	de J. Romain.
Grand Paysage,	du même.
Sainte Famille,	de Raphaël.
Jeune Homme,	du Tintoret.
Sainte Famille & Lys Blanc,	du même.

Après la premiere Croisée.

Grand Paysage,	du Carrache.
Portrait à mi-corps,	du Titien.
Sainte Famille,	du Carrache.

Après la deuxiéme Croisée.

Grand Paysage,	du Carrache.
Enlevement de Proser- pine,	de Zustrus.

Après la troisiéme Croisée.

Portrait d'Homme,	du Titien.
Portrait de Femme,	de L. de Vinci.

Au bout de la Gallerie.

Sur la Porte.

Paysage,	de Scorza.

Bb v

Portrait de Boſſus ,　　　du Titien.
Tableau de Martyr.　　　de Alb. Durer.

En retournant ſur ſes pas à gauche.

Deux Tableaux de Mar-　de Alb. Durer.
　tyrs ,
L'Empereur Othon ,　　du Titien.
Tableau de Martyr ,　　de Alb. Durer.
L'Amour qui dort ,　　　du Cambiaſi.
Viſite des Priſonniers ,　de Alb. Durer.
Portrait d'Henri III.　　du Tintoret.
Rois ſur leur Trône ,　　du même.
Sainte Famille ,　　　　du Parméſan.

Au détour à gauche.

Saint Thomas ,　　　　　du Tintoret.
Sainte Famille , trois En-　de Raphael.
　fans ,
Autre , avec S. Jean ,　　du Carrache.

Après la premiere fenêtre.

Premier Trumeau.

Trois Femmes adorant　de P. Perugin.
　Jeſus ,
Adoration ,　　　　　　du Peruzzi.

Deuziéme Trumeau.

Le Feu ,　　　　　　　de J. Breugle.
Portrait ,　　　　　　　de A. Durer.
Homme qui tient une　du même.
　Lettre ,

Troiſiéme Trumeau.

Sainte Catherine ,　　　du V. Palme.

Tête de vieille Femme.	*de L. de Vinci.*
Erigone,	*du Guide.*
Priere au Jardin,	*de Raphaël.*
S. Jerôme & un Crucifix,	*du Mutian.*
Sainte Famille & Sainte Catherine,	*de Benv. Garofalo.*

Quatriéme Trumeau.

Femme à mi-corps,	*de Lanfranc.*
Madeleine enlevée par les Anges,	*du Guide.*
Le Pellerin & la Pellerine,	*du même.*
L'Eau,	*de Breugle.*
Judith,	*du Pordenon.*
Cavalier blessé, & un Cordelier,	*du Giorgion.*
Jeune Homme qui tient un masque,	*du Murillo.*
Tête de Femme,	*de Raphaël.*
La Terre,	*de Breugle.*
Portrait de M. Ange.	*de Fr. Bast. del Piombo.*
Couronnement d'Epines,	*de L. Carrache.*

Grand Cabinet de Monseigneur, appellé ci-devant la Chambre des Poussins.

Sur la Porte en entrant.

Herodias,	*du Guide.*

A gauche.

Apparition des Anges à Abraham,	*de Alex. Veronese.*

Adam, Caën, & Abel,　　*de Sacchi.*

A droite.

Jesus au milieu des Doc-　*de l'Espagnolet,*
　teurs,
Moyse foulant aux　　　*du Poussin.*
　pieds, &c.
Un Philosophe,　　　　*du Schiavon.*
Sainte Famille,　　　　*de Raphaël.*
Les quatre Ages,　　　　*du Valentin.*
Clément VII.　　　　　*du Titien.*
Les six Poëtes Italiens,　*du Vasari.*
Massacre des Innocens,　*de le Brun.*
Un Concert,　　　　　*du Valentin.*
Jules II.　　　　　　*de Raphaël.*
Un Portrait de femme,　*du Titien.*
Musique & la Guitare,　*du Valentin.*
Judith & la tête d'Ho-　*du Cambiast.*
　lopherne,
Susanne & les Vieil-　*de l'Ecole du*
　lards,　　　　　　*Guide.*

Sur la Porte.

Sainte Vierge (Tableau　*du Guide.*
　ovale),

A côté de la Porte.

Sainte Famille,　　　　*du Bourdon.*
L'Enfance de Jupiter,　*de J. Romain.*

Grand Sallon & Gallerie à Lanterne.

Derriere la Porte en entrant.

La Toilette de Venus,　*de A. Carrache.*

Au-dessus.

Noli me Tangere,　　　*du Titien.*

A droite.

L'Enfant Prodigue,   de A. Carrache.

Au-deſſous.

Sainte Famille,   de M. Ange.
Agar & Iſmaël, Payſage,   de Fr. Mole.
Vierge & Jeſus ſur elle,   de Raphael.

A côté.

Travail de l'Amour,   du Correge.
Diane & Caliſto,   de A. Carrache.

De ſuite.

Payſage au Batelier,   du Domini-
    quain.
Moïſe frappant le Ro-   du Pouſſin.
    cher,
L'Amour piqué,   du Giorgion.
Deſcente de Croix,   de Fr. Baſt. del
    Piombo.
La Colombine.   de Leon. de Vinci.

Au milieu.

S. Jean (gr. Tableau),   de Raphaël.
Ste Famille (la Belle),   du même.
Tête de Femme,   du Titien.
Autre Tête de Femme,   de Leon. de Vinci.
Ste Famille (le Repos),   du Correge.
Sainte Famille,   de Lorenzo Lot-
    to.

De ſuite.

Martyre de S. Pierre,   du Giorgion.
La Samaritaine,   du Carrache.

Vierge blonde, & Jesus,	*de Raphaël.*
Naiſſance de Bacchus,	*du Pouſſin.*
Les quatre Ages,	*du Titien.*
La Circoncifion,	*de J. Belin.*
Vierge & Jeſus ſur ſes genoux,	*de Raphaël.*

Sur le paſſage.

La Nativité (grand Ta- bleau),	*de J. Francucci d'Immola.*

A côté.

Sainte Famille & Saint François,	*du Parmeſan.*
Sainte Famille & Moine blanc,	*du même.*

Enſuite.

Madeleine à mi-corps,	*du Titien.*
Sainte Famille, Payſage,	*du même.*
Le Calvaire,	*du Carrache.*
Le Muletier,	*du Correge.*
Le Spoſalice,	*du Parmeſan.*
Portrait du Titien,	*du Titien.*
Saint Georges,	*de Rubens.*
Sainte Famille (Tableau rond),	*de Raphaël.*
Ste Famille (en petit),	*de l'Albane.*
Sainte Apolline (petit Tableau),	*du Guide.*
Jeſus dormant ſur la Croix,	*du même.*
Noli me Tangere (petit ovale long),	*de l'Albane.*
Noli me Tangere (grand Tableau),	*du Correge.*

Ste Famille (Payſage),   *de Raphaël.*

Aux côtés.

Saint Etienne à genoux,   *du Carrache.*
Gaſton de Foix,   *du Giorgion.*

Enſuite.

La Caſſette du Titien,   *du Titien,*
Deſcente de Croix,   *du Carrache.*

Six Friſes de J. Romain.

- L'Enlevement des Sabines.
Paix des Romains & des Sabins.
Coriolan.
Le Siege de Carthagene.
La Continence de Scipion.
Récompenſes Militaires.

GRANDS APPARTEMENS,

Cabinet d'Entrée.

Sur la Porte.

Portraits du Titien & de   *du Tintoret,*
  l'Aretin (ovale),

A droite en entrant.

Hérodias,   *du V. Palme.*
Préſentation au Temple,   *du Guerchin.*
La Circonciſion,   *du Baſſan.*

A gauche.

La Madeleine,   *du Guide.*
Saint Jerôme aſſis,   *du Baſſan,*
Chaſteté de Joſeph,   *de Al. Veroneſe.*

Du côté de la Croisée.

Une Sybile,	du Guide.
Descente de Croix,	de D. de Volterre.
Sainte Famille (le Raboteux),	d'Ann. Carrache.
Ecce Homo,	du Guide.
Sainte Famille (la Laveuse),	de Fr. Albane.
Noli me Tangere,	du Cignani.
Christ mort, soutenu par un Ange,	du Schiavon.

De l'autre côté de la Croisée.

Mater dolorosa,	du Guide.
Martyre de S. Etienne,	d'Ann. Carrache.
Communion de la Madeleine,	de l'Albane.
La Samaritaine,	du même.
Femme à mi-corps.	de Lanfranc.
Baptême de Notre-Seigneur,	de l'Albane.
Enlevement d'Europe,	de P. Veronese.

à côté de la Cheminée.

Saint Jean,	du Dominiquain.
Transfiguration (copie très-estimée de Raphaël),	de Benv. Garafalo,
Procession du S. Sacrement,	d'Ann. Carrache.

Sur

Sur la Glace de la Cheminée.

Ste Famille (en rond),   *du Parmesan.*

De l'autre côté de la Cheminée.

Portrait du Duc Valen-   *du Correge,*
  tin,
Le Jugement dernier,   *de L. Bassan.*
Saint Jerôme,   *du Domini-*
                      quain.

Sur le Côté.

La Maîtresse du Titien,   *du Titien.*
Prédication de S. Jean,   *du Mole.*
Sainte Famille (repos en   *du Carrache.*
  Egypte),
Tête de Madeleine,   *du Guide.*
S. Jean-Baptiste,   *du Carrache.*
Saint François,   *du Domini-*
                     quain.
Vision d'Ezechiel,   *de Raphaël.*

Sur la Porte des grands Appartemens.

Deux Têtes ovales,   *de l'Espagnolet.*

Entre les deux Portes.

Tête de Christ,   *du Guide.*
S. Jerôme demi pros-   *du Domini-*
  terné,   *quain.*
S. Jean montrant le Mes-   *du Carrache.*
  -sie,
Ravissement de S. Paul,   *du Poussin.*
Le Tentateur,   *du Titien.*
Disciples d'Emmaüs,   *de P. Veronese.*
   I. Partie.   C c

Portement de Croix,　　*du Domini-*
　　　　　　　　　　　　　　quain.

G R A N D S　A P P A R T E M E N S.

Premiere Piece.

Sur la Porte d'entrée.

Salmacis,　　　　　　*de P. Mathé.*

à côté de la Porte.

L'Avanture de Philopo-　*de Rubens.*
　men,
Ganimede,　　　　　　*du même.*
La Vierge, & l'Enfant　*de Vandick.*
　Jesus,
Adoration des Rois,　　*du Carrache.*
Deux Portraits en buſtes　*de l'Eſpagnolet.*
　(Héraclite & Demo-
　crite),
Mars & Venus,　　　　*de Rubens.*

En face des Croiſées.

Démocrite,　　　　　　*de l'Eſpagnolet.*
Héraclite,　　　　　　*du même.*
Pic de la Mirandole,　*du Giorgion.*
　avec une calote rouge,
Portrait de Femme,　　*de Caſtiglione.*
Joueur de flûte,　　　*du Caravage.*
Une Femme aſſiſe,　　*du Rembrant.*
Prêtre Italien,　　　*de Ant. More.*
Portrait d'Homme,　　*du Rembrant.*
Homme en pied avec ſes　*de Vandick.*
　Bottines,
Fleuve, avec des Ty-　*de Martin de*

gres & des Crocodiles,   *Vos.*
Grande Transfiguration,   *du Caravage.*
Un Pair d'Angleterre,   *de Vandick.*

Sur la Porte en face des Croisées.

Pan & Sirinx, Enfans   *de Martin de*
& Tygres,   *Vos.*

Du côté de la Porte, tirant vers la Cheminée.

Portrait d'une Princeſſe,   *de Vandick,*
La Princeſſe de Phals-   *du même.*
   bourg, appuyée ſur
   un Page,
Portrait du Baſſan & de   *du Baſſan.*
   ſa femme (deux Ta-
   bleaux),
Un Etudiant,   *du Bernin,*
Portrait d'Homme,   *de Ant. More.*
Femme aſſiſe, liſant,   *de Holbein.*

A côté de la Cheminée.

Diane venant de la   *de Rubens.*
   Chaſſe,
Femme tenant un Even-   *de Vandick.*
   tail,

Sur la Cheminée.

Martyre de S. Pierre,   *du Calabrois.*
Thomas Morus,   *de Holbein.*
Mater Doloroſa,   *du Guerchin.*
Un Chriſt,   *du même.*

Sur la Porte.

Deſcente de Croix,   *du Pérugin.*

Seconde Piece.

Sur la Porte.

Allaitement d'Hercule,   du Tintoret.

A côté.

La Piscine,   de L. Jordani
                               Fapresto.
Marchands chassés du   du même.
    Temple,
Paysage au Batelier,   du Carrache.
Descente de Croix,   du même.

En face des Croisées.

Les sept Sacremens. (7.   du Poussin.
    Tableaux),
Jupiter & Alcmene,   de J. Romain.
Résurection du Lazare,   du Mutian.
Jupiter & Semelé,   de J. Romain.

Du côté de la Cheminée.

Moyse sur les Eaux,   de Diego Velaf-
                               quès.
Paysage au Cavalier,   du Carrache.

Sur la Cheminée.

Descente de Croix,   de L. Carrache.
Autre (en petit),   du Schiavon.
Portrait du Carrache,   du Carrache.
Autre Portrait,   du Rembrant.
S. Jean dans le Désert,   du Carrache.

Sur la Porte.

Enlevement des Sabines,   du Salviati.

Troisiéme Piece.

Sur la Porte.

La Vierge, l'Enfant Je-   de Fr. Francia.
sus, &c.

A côté.

Sainte Famille & Sainte   de L. Carrache.
    Catherine,
Portrait d'Homme,   de Vandick.
Ste Famille (le Chat),   du Baroche.
David & Abigail,   du Guerchin.
Venus à la Coquille,   du Titien.
Q atre Esquisses de   de Rubens.
    l'Hist. de Constantin,
Fuite en Egypte,   du Baroche.
Portrait de Georges Gy-   de Holbein.
    sein,
Charles V. armé de   du Titien.
toutes pieces.

En face des Croisées.

L'Annonciation,   de Lanfranc.
Moyse exposé,   du Poussin.
La Famille de Charles I.   de Vandick.
    Roi d'Angleterre,
L'Homme au Chat,   du Gentileschi.
Portrait d'une Flamande   du Rembrant.
    (ovale),
Portrait d'Homme avec   du même.
    un chapeau (ovale)
Sacrifice d'Isaac,   du Domini-
                               quain.
Repos en Egypte,   du Mole.
David & Abigail,   du Guide.
L'Invention de la Sainte   du Giorgion.
    Croix par Ste Helene,

A côté de la Cheminée.

Adoration des Bergers,	*du Giorgion.*
Fuite de Jacob,	*de P. de Cortoune,*
Mars & Venus,	*de P. Veronese.*
Philippe II.	*du Titien.*

Sur la Cheminée & à côté de la Porte.

S. Laurent, Justinien,	*de l'Albane.*
Alexandre & son Médecin,	*de le Sueur.*
Le Songe du Caravage,	*du Caravage.*
Saint Jean dormant,	*du Carrache.*
Huit Esquisses de l'Hist. de Constantin,	*de Rubens.*

Sur la Porte.

Sacrifice d'Isaac,	*du Caravage.*

Quatriéme Piece.

Sur la Porte.

Homme avec une Cuirasse,	*de J. Jordans.*

A côté.

Décolation de S. Jean,	*du Guide.*
Jeune Martyre nüe & couchée,	*du Cagnacci.*
L'Embrasement de Troye,	*du Baroche.*
Venus & Adonis,	*de L. Cambiasi.*

A côté de la Cheminée.

Saint Sébastien,	*du Guide.*
La Femme adultere,	*du Pordenon.*
Hercule & Acheloüs,	*du même.*
L'Embrasement de So-dôme,	*de P. Veronese.*
Portrait d'une Blonde,	*du V. Palme.*

Sur la Cheminée.

Résurrection du Lazare (fameux Tableau),	*de Sébastien del Piombo.*

De l'autre côté la Cheminée.

Milon Crotoniate,	*du Giorgion.*
Les Israëlites sortant d'Egypte,	*de P. Veronese.*
La Fileuse,	*du Feti.*
Saint Bonaventure,	*du Guide.*
Pilate se lavant les mains,	*du Schiavon.*

Du côté de la Porte.

Jugement de Salomon,	*de P. Veronese.*
Moyse sauvé des Eaux,	*du même.*
Saint Roch,	*du Carrache.*
Diane & Acteon.	*du Titien.*

Sur la Porte.

Portrait d'un Bourgue-Mestre,	*du Rembrant.*

Grand Sallon pour aller à la Gallerie.

Côté de la Porte de la Gallerie.

Diane poursuivant Ac-teon,	*du Titien.*

Les Ducs de Ferrare.   *du Tintoret.*
L'Empereur Vespasien,   *du Titien.*
Un Doge de Venise,   *du V. Palme.*

Côté gauche de l'Entrée.

La Continence de Sci-   *de Rubens.*
  pion,
La Sagesse, Compagne   *de P. Veronese,*
  d'Hercule,
P. Veronese entre le Vi-   *du même.*
  ce & la Vertu,

Côté de la Cheminée.

Persée & Andromede,   *du Titien.*
Education de l'Amour,   *du même.*
Etude,   *du Correge.*
Venus à sa Toilette,   *du même.*
La Fille de P. Veronese,   *de P. Veronese.*

De l'autre côté de la Cheminée.

Etude,   *du Correge.*
L'Esclavone & un Moré,   *du Titien.*
Femme au Chapelet.   *de P. Veronese.*
Enlevement d'Europe,   *du Titien.*
Mars & Venus,   *de P. Veronese.*

En face de l'Entrée.

L'Hist. de Thomyris,   *de Rubens.*
Mercure & Hersé,   *de P. Veronese.*
La Mort d'Adonis (co-   *du même.*
  pie du Titien),

Côté de la Porte de la Gallerie.

Venus & Adonis,   *du Cambiasi.*

Mars

Mars désarmé par Venus,   *de P. Veronese.*
L'Empereur Vitellius,   *du Titien.*
Un Sénateur Vénitien,   *de A. Keyen.*

Quatre deſſus de Porte.

Le Reſpect en Amour, le Dégoût en Amour, l'Amour récompenſé, & l'In-fidélité en Amour,   *de P. Veronese.*

PETIT BOUDOIR,

Entre la Porte d'Entrée au Sallon,
& la Porte de la Gallerie,
dans l'épaiſſeur du mur.

Deſſus de Porte.

Portrait d'un homme vê-tu de noir,   *d'Ann. Carra-che.*

A gauche, en face de la Croiſée.

Paſteur gardant ſon Troupeau,   *du Baſſan.*
Nativité, Adoration des Rois, & Fuite en Egypte (trois ſujets en un Tableau,)   *d'Alb. Durer.*
Portement de Croix,   *de Raphael.*

Dans le fond, du côté de la Gallerie.

Sainte Famille,   *du Baroche.*
La Priere au Jardin,   *de Raphael.*
Jeſus-Chriſt deſcendu de la Croix,   *du même.*
Sainte Famille,   *de Benv. Garo-falo.*

I. Partie.   **D d**

S. Antoine & S. Fran-　　*de Raphaël.*
　çois (deux Tableaux),
Cromwel (petit rond),　　*de Holbein.*
Trois autres Têtes (pe-
　tits ronds).

Entre la Croisée & la Porte.

La Femme adultere,　　*de Maître Roux.*
Le Spofalice ,
La Vierge & Jefus (pe-　　*de C. Marati.*
　tit rond) ,
Charité Romaine (petit　　*de Lanfranc.*
　rond) ,
Hercule dans fon Ber-　　*d Ann. Carra-*
　ceau ,　　　　　　　　　*che.*

GRANDE GALLERIE,
nommée la Gallerie d'Enée.
En face des Croisées.

Sept Tableaux , dont trois, & furtout ce-
　lui du milieu , qui fait le quatriéme beau-
　coup plus grand que les quatre autres
　dans leurs Bordures , repréfentans l'hif-
　toire d'Enée.

1. Sortie d'Enée de la Ville de Troye
　avec fon pere & fon fils.
2. Didon appercevant Enée qu'un nuage
　déroboit à fa vûe.
3. La mort de Didon.
4. Enée conduit par la Sybile Cumée ,
　defcend aux Enfers.
5. Jupiter donne fes ordres à Enée.
6. La mort de Pallas , fils du Roy Evan-
　dre.

7. La mort de Turnus.

La Voûte de cette Gallerie repréſente Junon évoquant la furie Alecto, pour exciter Turnus à faire la guerre à Enée.

L'Embraſement des Vaiſſeaux d'Enée, & leurs changemens en Neréides.

Vulcain qui montre à Venus les armes qu'il a forgé pour ſon fils.

L'Aſſemblée des Dieux.

Junon ſuſcitant une Tempête aux Troyens.

Neptune en colere, menace Eole, & calme les flots.

Mercure envoyé par Jupiter à Enée pour le détourner de s'établir à Carthage.

PETITS APPARTEMENS.

Premiere Piece.

A gauche.

Le Vieillard,	*de Teniers.*
Départ de Chaſſe,	*de Wou-Wermans.*
Hollandoiſe ſur ſon ſtoeb,	*de Gerar-dou.*
Une Vendange,	*de J. Miel.*
La Maîtreſſe d'E cole.	*de G. Neſtcher.*
Une Nuit (petit ovale),	*de Ad. Elshaimer.*
Deux Payſages (ronds),	*de Bartholomée.*
La Curée,	*de Wou-Wermans.*
Le Cabaret,	*de Teniers.*
Homme donnant une Bague,	*de Scalk.*

D d ij

Sur la Cheminée.

Une Danse.	de J. Miel.

En face des Croisées.

Joueurs & Danseurs,	de Teniers.
Une Cuisine,	de Tol.
Une Bacchanale,	de Mieris.
Le Berger,	de Teniers.
Enfans qui se jettent des pierres,	du Bamboche.
Un Vendeur d'Œufs,	de Wander-Werff.
La Fumeuse,	de Teniers.
Mascarade.	de M. Ange des Batailles.
Enfant & un Oiseau,	de Nestcher.
Vendeuse de Marée,	de Wander-Werff.
Femme qui mange sa soupe,	de Scalk.

Sur la Porte qui va à la seconde Piece.

Les Chasseurs,	de J. Miel.

En face de l'Entrée.

Le Chimiste,	de Teniers.
La Chasse du Vol,	de Wou-Wermans.
Joueur de Violon,	de Gerar-dou.
Le Fumeur,	de Teniers.
Paysage & Sbires,	du Bamboche.
Paysages & Chariots,	de Breugel de Velours.

La Gazete,	de Teniers.
La Chasse e.le,	de Wou - Wer-mans.
Femme qui mange des Huitres,	de Mieris.

SECONDE PIECE.

Chambre à Alcove.

A gauche.

Une Danaë,	du Correge.
Agar, Sara & Abraham,	de Neſtcher.
Petit Payſage,	de Bartholomée.
Reconnoiſſance de la Bohemienne,	de Scalk.

Alcove.

Vüe du Campo Vicino,	de Herman d'Italie.
Saint François,	du Rembrant.
Leda,	de P. Veroneſe.
Clair de Lune,	de Ad. Elshaimer.
Les Singes, Peintres,	de Watteau.
Muſique des Chats,	de P. Breugle.
Payſage,	du même.
Petite Marine,	de P. Bril.
Une Nuit,	du Rembrant.
Marines aux Poiſſons & aux Filets (deux ovales),	de Breugel de Velours.

En face de la Porte d'Entrée.

| Payſage aux Chévres, | de P. Bril. |

Payſage aux Vaches,　　　*de Poelembourg.*
L'Enfant avec l'Oiſeau,　　*de Slingelant.*
La Tranſmigration de　　*de Breugel de*
　Babylone,　　　　　　　*Velours.*
Nymphes & Faunes,　　　*de Poelembourg.*
Payſage au Chariot,　　　*de Breugel de*
　　　　　　　　　　　　　Velours.

Payſage, Barques &　　*du même.*
　Paſſagers,
Fille jouant du Luth.　　*de Teniers.*
Payſage aux Chévres,　*de Bartholomée.*
　avec une Roche.
Payſage aux Vaches.　　*du même.*

Sur la Porte qui va au petit Cabinet.

Les Bohemiennes,　　　*de Neſtcher.*
Payſage aux Bergers,　*de Herman d'I-*
　　　　　　　　　　　talie.

Henry IV.　　　　　　*de Porbus.*

Petit Cabinet.

Deſſus de Porte.

Saint Jean prêchant,　　*de C. Bloemart.*

A droite.

Joueurs de Cartes,
L'Adoration des Rois, Saint Jacques &
　Saint Sébaſtien (trois ſuiets en un ſeul
　Tableau),　　　　　*de J. Van Eick.*
Sainte Famille,
Deſcente de Croix,　　*de Rothenamer.*

En face de l'Entrée.

Jupiter & Danaé,　　　*de Rothenamer.*

Petit Paysage,   de Pierre Guef-
                                    che.

Le Portrait de Neftcher,   de Neftcher.

Sur la Porte qui va à la Garderobe.

Une Eglise,   de Peter Neefs.

En face de la Croifée.

Grand Paysage aux Va-
    ches,
Cephale & Procris,   de C. Poelem-
                                    bourg.

Deux Paysages (petit   du Gentilhomme
    rond),   d'Utrecht.

Petite Garderobe & petit Paffage.

La Reine d'Angleterre,   de Lely.
Le Souffleur ,   de Van Oftade.

Les Portraits de Hubert & de Jean Van-
    Eick, Inventeurs de la Peinture à l'Huile.

Sacrifice à Vénus ,   de Neftcher.
Fuite en Egypte ,   de Paul Bril.
Une Eglise ,   de Peter Neefs.
Nymphes & Satyres ,   de Paul Bril.
Paysage au Moulin,   du Rembrant.
Une Tête d'Homme ,   de Vandick.
Une Tête de Femme.   de Porbus.

GALLERIE DES HOMMES ILLUSTRES.

Cette Gallerie contient vingt-cinq Portraits des Hommes Illuftres , peints dans
toute leur grandeur par *Philippe de
Champagne & Simon Vouet.*

Suger , Abbé de S. Denis.

Simon , Comte de Montfort.

Gaucher de Châtillon , Connétable.

Bertrand du Guesclin , Connétable.

Olivier de Clisson , Connétable.

Jean le Meingre de Boucicaut , Maréchal
de France.

Jean , Bâtard d'Orléans , Comte de Du-
nois.

Jeanne d'Arc , surnommée *la Pucelle d'Orléans.*

Georges d'Amboise , Cardinal.

Louis de la Trémoüille.

Gaston de Foix , Duc de Nemours.

Le Chevalier Bayard.

Charles de Cossé , Maréchal de France.

Anne de Montmorenci , Connétable.

Fr. de Lorraine , Duc de Guise.

Charles de Lorraine , Cardinal.

Blaise de Montluc , Maréchal de France.

Armand de Gontaud de Biron , Maréchal
de France.

Fr. de Bonne , Duc de Lesdiguieres, Connétable.

Henri IV. Roy de France.

Marie de Médicis , Reine de France.

Armand du Plessis de Richelieu , Cardinal.

Louis XIII. Roy de France.

Anne d'Austriche , Reine de France.

Gaston , Fils de France , Duc d'Orléans.

GALLERIE DE LUXEMBOURG.

CETTE Gallerie contient vingt-quatre grands Tableaux du célebre *Rubens*.

SÇAVOIR:

Marie de Médicis sous la forme de Miner-
ve, avec tous les Attributs de la Guerre.
François de Médicis, Grand-Duc de Tos-
cane son pere.
Jeanne d'Autriche, Grande-Duchesse de
Toscane sa mere.
Destinée de la Reine. La Vie de Marie de
Médicis, filée par les Parques, sous les
auspices de Jupiter & de Junon.
Naissance de la Reine. Junon Déesse des
Accouchemens, remet la Princesse en-
tre les mains de la Ville de Florence.
Education de la Reine. Minerve lui ensei-
gne les premiers Elémens, les Graces,
l'Harmonie & l'Eloquence, lui font part
de leur don.
Henri IV. délibere sur son futur Mariage.
L'Hymen & l'Amour lui font voir le
Portrait de la Princesse, & lui en font
remarquer toute la beauté.
Mariage de la Reine. Le Grand-Duc Fer-
dinand, en vertu de la Procuration du
Roy, épouse la Princesse. Le Cardinal
Aldobrandin en fait la Cérémonie.
*Débarquement de la Reine au Port de Mar-
seille.* L'Evêque de Marseille va rece-

voir la Reine avec le Dais fur un Pont de Barques. La France l'accompagne.

La Ville de Lyon va au-devant de la Reine, Le Roi & la Reine font affis fur des nuages fous la figure de Jupiter & de Junon.

L'Accouchement de la Reine. La Reine qui vient de mettre au monde Louis XIII. le regarde entre les bras du Génie de la Santé avec un amour maternel, qui change en joye toutes les douleurs de l'enfantement.

Départ du Roy pour la Guerre d'Allemagne. Le Roi donne à la Reine le Gouvernement du Royaume. Entre eux deux, l'on voit le Dauphin, qui depuis fut Louis XIII.

Le Couronnement de la Reine. La Reine eft à genoux, vêtue de fon Manteau Royal. Le Cardinal de Joyeufe affifté des Cardinaux de Gondi & de Sourdis, couronne la Reine. A fes côtés font le Dauphin & la Princeffe fes enfans. Sa Majefté eft fuivie de la Reine Marguerite, Madame, & autres Princeffes, avec leur Couronne & Manteau de Cérémonie.

L'Apothéofe d'Henri IV. & la Régence de la Reine. Le Temps & Jupiter enlevent le Roi pour le faire recevoir parmi les Dieux. La Régence du Royaume eft donnée à la Reine.

Le Gouvernement de la Reine. Apollon & Pallas accordent leur fecours à la Reine pour diffiper les défordres de l'Etat. Iris, symbole de la Paix , reçoit ordre de régler les mouvemens de la Reine.

Voyage de la Reine au Pont de Cé. La Reine va prévenir une Guerre Civile , qui se préparoit par les Tumultes du Pont de Cé.

Echange des deux Reines. En 1615. sur le Pont que l'on construisit sur le fleuve d'Andaye , la France reçoit Anne d'Autriche Infante d'Espagne , pour épouse de Louis XIII. & l'Espagne reçoit Isabelle de France pour épouse de Philippe IV.

Félicité de la Régence. L'heureux Gouvernement de la Reine est marqué par l'Equité, par l'Abondance, & par les Sciences & Arts. La Reine est accompagnée de Minerve & de l'Amour.

Majorité de Louis XIII. La Reine remet au Roi le Gouvernement du Royaume. La Reine est sur un Vaisseau , accompagné du Roi. La Force, la Religion , la Justice & la bonne foi donnent le mouvement au Vaisseau.

La Reine s'enfuit de la Ville de Blois. La Reine accompagnée de Minerve , escortée du Duc d'Espernon , sort de cette Ville , après s'être sauvée par une fenêtre du Château.

La Reine prend le parti de la Paix. La Reine assistée des Cardinaux de la Valette & de la Rochefoucaud , prend le Rameau d'olive que lui présente Mercure. La Prudence est aux côtés de cette Princesse.

Conclusion de la Paix. La Reine est conduite au Temple de la Paix par Mercure. L'Innocence & la Paix l'accompagnent.

La Paix confirmée dans le Ciel. En 1619. Louis XIII. paroit descendre du Ciel, & va au-devant de la Reine sa mere, qui est sur des nües.

Le Temps découvre la Vérité. Le Roi & la Reine se reconcilient à la face du Ciel.

LISTE

HISTORIQUE ET CHRONOLOGIQUE

DES

PEINTRES,

Depuis le rétablissement de la Peinture jusqu'à présent.

LA Table que je donne ici ne sçauroit être que très-utile au Lecteur. Tout le monde n'est pas obligé de sçavoir l'Histoire de la Peinture ; mais tout le monde est bien aise de sçavoir quel étoit un tel Peintre, dès qu'il est question de son Tableau.

Par ce moyen on verra d'un coup d'œil, en quel tems il vivoit, où il vivoit, quel a été son maître, & en quoi il excelloit, &c.

Il y a dans la Table six colonnes, la premiere marque le nom du Peintre ; la seconde, celui de son Maître ; la troisiéme, le lieu où il est né ; la quatriéme, en quoi il a excellé ; la cinquiéme, où il a vécu ; & la sixiéme le tems où il est mort.

*

Maîtres.	Disciples de
Giovanni Cimabué,	*a* Certains Peintres Grecs a rives en Italie,
Giotto,	*b* Cimabue,
Jean Van Eyck, *ou* Jean de Bruges,	*c* Hubert Van Eyck, son frere,
Masaccio,	*d* Masolino,
Giovanni Bellini,	*e* Jacobo, son pere,
Gentile Bellini,	*f* Son pere,
Luca Signorella da Cortona,	*g* Pietro del Borgo,
Leonardo da Vinci,	*h* Andrea Verrocchio,
Pietro Perugino,	*i* Andrea Verrocchio,
Andrea Mantegna,	*k* Jacobo Squarcione,
Fra Bartolomeo di San Marco,	*l* Raphael pour la perspective,
Timoteo Vite da Urbino,	*m* A imité Raphael,
Albert Durer,	*n*
Michel-Angelo Buonaroti,	*o* Dominico Ghirlandajo,
Giorgionne da Castelfranco,	*p* Gio. Bellini, a imité Leo de Vinci,
Tiziano Vecelli da Cadore,	*q* Gio. Bellini, a imité Giorgionne,
Andrea del Sarto,	*r* Pietro di Casino,
Pellegrino da Modana,	*s* Raphael,
Baltassar Perruzzi da Siena,	*t*
Rafael Sancio da Urbino,	*v* Gio. Sancio son pere, & Pierre Perugin,
Mecherino da Siena, *ou* Domenico Beccafumi,	*x* A imité d'abord P. Perugin; après il a étudié Michel Ange & Raphael,

Nez en)	Ont excellé en	Ont demeuré à)	Morts en
a 1240	Hist.	Florence ,	1300
b 1276	hist. sculpt. arch.	Florence ,	1336
c 1370	hist.	Flandres ,	1441
d 1417	hist.	Florence ,	1443
e 14$\frac{22}{20}$	hist. port. arch.	Venise ,	14$\frac{12}{10}$
f 1421	hist. port. arch.	Venise , & il alla à Constantinople ,	1501
g 1439	hist.	Plusieurs parties d'Italie,	1512
h 1445	hist. port sculpt arch.	Florence ,	1520
i 1446	hist.	Florence , Sienne ,	1524
k 1451	hist. port.	Mantoue , Rome ,	1517
l 1469	hist.	Florence ,	1517
m 1470	hist.	Urbin , Rome ,	1524
n 1470	hist port grav.	Nuremberg ,	1528
o 14$\frac{74}{75}$	hist. sculpt. arch.	Florence ,	15$\frac{53}{54}$
p 1477	hist. port.	Venise ,	1511
q 14$\frac{77}{88}$	hist. port payf.	Venise ,	1576
r 1478	hist.	Florence ,	1530
s . . .	hist.	Rome , Modene	
t 1481	hist. arch.	Rome ,	1536
v 1483	hist. port. arch.	Florence , Rome ,	1520
x 1484	hist. sculpt.	Rome , Sienne ,	1549

Maîtres.	Diſciples de
Sebaſtiano del Piombo,	*a* Gio Bellini, Giorgion,
Baccio Baldinelli,	*b* Gio. Fr. Ruſtici,
Gio Antonio Regillo, *dit* Licinio da Pordenone,	*c* A étudié le Giorgion,
Biagio Puppini Bolognoſe	*d*
Fr. Primaticcio Bologno- ſe, Abbé de S. Martin,	*e* Jules Romain,
Giulio Romano,	*f* Raphael,
Maturino,	*g* Raphael,
Antonio Allegri da Cor- reggio,	*b* Frari da Modana, Mon- tegna,
Lucas de Leyde,	*i*
Jacopo da Pontormo,	*k* Leonardo da Vinci, Ma- riotto Albertinelli, P. Coſimo, And del Sarto,
Polidoro di Caravaggio,	*l* Raphael,
Le Roux de Florence,	*m* A étudié Michel-Ange,
Martin Heemkerke,	*n* Jean Lucas & Schoorel,
Baptiſte Franco, Veni- tien, *di* il Semoleo,	*o* A étudié Michel Ange,
Jean Holbein,	*p* Son pere,
Perrin del Vague,	*q* A étudié après Michel- Ange & ſous Raphael,
Girolamo da Carpi,	*r* Benvenuto Garofalo, a étudié le Corrége,
Ugo da Carpi,	*s* . . . .
Fr. Mazzuoli, *dit* le Par- meſan,	*t* Ses deux Oncles,
Giacomo Palma, le vieux,	*v* A étudié à Rome, & après il a pris des le- çons du Titien,
Daniel Ricciarelli de Volterre,	*x* Il Sodoma, Balth. Pe- ruzzi,

Nés en)	Ont excellé en	Ont demeuré à)	Morts en
a 1485	hist. port.	Venise, Rome,	1547
b 1483	hist. sculpt.	Florence,	1559
c 148.	hist.	Venise, Friuli,	1540
d . . .	hist.	. . . .	.
e 1490	hist. arch.	Bologne, Mantoue, & la France,	1550
f 1492	hist. arch.	Rome, Mantoue,	1546
g . . .	hist.	Rome,	1527
h 1$\frac{0}{73}$	hist.	Lombardie,	15$\frac{34}{13}$
i 1494	hist. grav	Pays-Bas,	1533
k 1494	hist. port.	Florence,	1559
l 149$\frac{2}{5}$	hist.	Rome, Naples, & Messire,	1543
m 1496	hist.	Flor. Rome, France,	1541
n 1498	hist	Hollande,	1574
o . . .	hist	Rome, Florence, Urbin & Venise,	1561
p 1498	hist. port.	Suisse, Londres,	1554
q 1500	hist.	Florence, Rome,	1547
r 1501	hist. arch.	Bologne, Modêne, Ferrare, & Venise,	1506
s . . .	. . . .	. . . . . .	.
t 1504	hist. port.	Rome, Parme,	1540
v 1508	hist port.	Rome, Venise,	1516
x 1509	hist. sculpt.	Rome, Florence,	1566

Maîtres.	Disciples de
François Salviati, *autre-ment* Fr. de Rossi,	*a* Son Pere, Baccio, Bandinelli, And. del Sarto,
Jacopo Ponte da Bassano, *le Pere*,	*b* A étudié Gio. Bellini,
D. Giulio Clovio,	*c* Giulio Romano,
Pirro Ligorio,	*d* Giulio Romano,
Giorgio Vasari,	*e* Guillaume de Marseille, And. del Sarto, & Michel-Ange,
Paris Bordon,	*f* Titien, il a imité Giorgion,
Giacomo Robusti, il Tintoretto,	*g* Titien a étudié Michel-Ange pour le dessein,
Gio. Porte, *après nommé*, Giuseppe Salviati,	*h* François Salviati,
Le Chevalier Ant. More d'Utrecht,	*i* Schoorel,
François Floris,	*k* Lambert Lombart, il a étudié Michel-Ange,
Paolo Farinati,	*l* Ant. Badille, Niccolo Golfino,
Pellegrin Tibaldo,	*m* Dan. da Volterre,
Andrea Schiavone,	*n* A imité le Parmesan,
Luca Cambiasi, *ou* Cangiasi,	*o* Son Pere,
Frederic Barocci,	*p* Bapt. Venitien, a étudié Raphael, & Corrége,
Girolamo Mutiani, da Brescia,	*q* Romanino, a étudié Michel-Ange & Titien,
Taddeo Zucchero,	*r* Ottaviano son pere, Pompeo da Fano,
Bartolomeo Passerotto,	*s* Jacopo Vignuola, & Taddeo Zucchero,

Né en)	Ont excell. en	Ont demeuré à)	Morts en
a 1510	hist. port.	Florence, Rome, & Venise,	1563
b 151 9/9	hist. anym. payf	Bassano, Venise,	1592
c 15.. +98	hist. en mignat.	Rome,	1578
d . . .	hist. arch.	Naples, Rome, &c.	157;
e 1511	hist. port.	Pise. Bologne. Florence, Venise, Naples, & Rome,	1574
f 15 12/25	hist. port.	Venise, France, . . .	
g 512	hist. port.	Venise,	1594
h 15 16/33	hist.	Venise,	1585
i 519	hist. port.	Italie, Espagne, Flandres & l'Angleterre,	1575
k 1520	hist.	Anvers,	1570
l 15 22/40	hist. sculpt. arch.	Verone, Mantoue,	1606
m 15.2	hist. arch.	Bol. Pom. Mil. &c.	1592
n 1522	hist.	Venise,	1582
o 1527	hist.	Genes, Espagne,	1583
p 1528	hist. sur-tout des sujets Religieux.	Urbin, Rome,	1612
q 152.	hist. port.	Rome,	1590
r 1529	hist.	Rome,	1566
s . .	hist. port.	Rome,	. . .

Maîtres.	Disciples de
PaoloCalliari, Veronese,	*a* Son pere & Ant. Badille
Frederic Zucchero,	*b* Taddeo Zucchero,
Martin de Vos,	*c* A étudié en Italie,
Giacomo Palma,	*d* Son pere Ant. neveu de Palma le vieux, a étudie Titien & Tintoret,
Paul Bril,	*e* . . . . .
Rafaellino da Reggio di Modena,	*f* Frederic Zucchero,
Ludovico Caracci,	*g* Prospero Fontana, Camillo Procaccino,
Antonio Tempesta,	*h* Jean Strada Flamand,
Augustino Caracci,	*i* Prosp Fontana, Ludov. & Annibal Caracci,
Ludovico Cigoli, *ou* Civoli,	*k* A étudié And. del Sarto, & le Corregge,
Annibal Caracci,	*l* Lud Caracci, a étudié le Corregge Titien, Raphael & l'Antique,
Josep. Cesari d'Arpino *dit* le Cav-l, Gioseppino,	*m* Raphael da Reggio, Lelio de Novellara,
Jean Rothamar	*n* Son pere & Tintoret,
Caval Francesco Vanni,	*o* Son pere, & a imité Barocci,
Michel-Ange Ameriggi da Caravaggio,	*p* Cav. Gioseppino,
Jean Breugle, *u* Breugle de Velours,	*q* Pierre Goekint, a étudié en Italie,
Ventura Salimbene,	*r* Son pere Archange,
Adam Elsheimer,	*s* Philippe Uffenbach, a étudié à Rome,
Guido Reni,	*t* Dion Calvert, & les Caraches,

Né en)	On a excellé en	Ont demeuré à)	Mort en
a 153?	hist. port.	Venise,	1588
b 15$\frac{40}{43}$	hist. port.	Rome, France, Espagne & Angleterre,	1609
c 15 0	hist.	Anvers,	1604
d 1544	hist.	Venise,	1628
e 1550	paysage.	Anvers, Rome,	1622
f 1552	hist.	Rome,	1580
g 1555	hist.	Bologne, Rome,	1619
h 1555	batailles, chasses,	Rome,	1610
i 1557	hist. gravure,	Bolog. Rom, Parm.	1602
k 1559	hist.	Florence, Rome,	1613
l 1560	hist.	Bologne, Rome,	1609
m 1560	hist.	Rome, Naples,	1640
n 1564	hist.	Venise, Baviere.	1604
o 1568	hist. sujets Relig.	Sienne,	1635
p 1569	hist. demi figur.	Rome, Naples, & Malthe,	1609
q 1569	vie champêtre, Fonc. payf. en petit.	. . .	1625
r	hist.	Rome, &c. . . .	. . .
s 1574	hist. payf. pieces d nuit.	Rome & ailleurs,	1610
t 1575	hist.	Bologne, Rome,	1641

Maîtres.	Disciples de
Pierre-Paul Rubens :	*a* Adam Vannoort, Otho Venius, a étudié en Italie :
Francesco Albani :	*b* Dion Calvert, Guide, & les Caraches :
Joseph Ribera, Spagnoletto :	*c* Michel-Ange Caravaggio :
Domenico Zampieri, *dit*, Domnichino :	*d* Dion. Calvert, & les Caraches :
Cav. Giov. Lanfranc :	*e* Aug. Ant.Caracci, a étudié Raphael & Correge;
Simon Vouet :	*f* contre :
Ant.Caracci *d.* leGobbo	*g* Annibal Carache :
Gio Franc. Barbieri, *dit* il Guercino da Cento :	*h* Benedetto Gennari :
Nicolas Poussin :	*i* A étudié l'Antiquité & Raphael.
Pierre-Berettini da Cortona :	*k* Un autre Florentin à Rome
Mario Nuzzi di Fiori :	*l* Tommaso Salini :
Ant. Vandick :	*m* Rubens :
Gaspar Dughet, qui s'appella ensuite Poussin :	*n* Son beau-frere Nicolas Poussin :
Michel-Ange Cerquozzi delle Battaglie :	*o* Ant. Salvatti, Bolonois :
Benedetto Castiglione Genois :	*p* Bart. Baggi, instruit par Vandick, a étudié le Poussin :
Claude-Gille de Lorraine	*q* Augustin Tasso :
An dr Oueche, *d.* Sacchi :	*r* Albani :
Rembrandt van Rheyn :	*s* Lattman d'Amsterdam :
Adrien Brouwer :	*t* François Hals :
Giacomo Cortesi Jesuite, *dit* le Bourguignon :	*v* . . . . .

Nez en)	Ont excellé en	Ont demeuré à)	Morts en
a 1577	hift. port.	Anvers,	1640
b 1568	hift.	Bologne, Rome,	1660
e	hift.	Naples,	. . . .
d 1581	hift.	Bologne, Rome, & Na-ples,	16,1
e 1581	hift.	Rome, Parme, & Na-ples ;	1647
f 1582	hift port.	Rome, Paris,	1641
g 1583	hift.	Rome,	1613
b 1590	hift	Rome, Bologne,	1666
i 159·	hift. petit. fig.	Rome,	1673
k 1576	hift.	Rome, Florence,	1669
l 1599	Fleurs.	Rome,	16-2
m 1599	hift.	Anv. Italie, Lond.	16;1
n 1600	Payfages.	Rome,	1660
o 1600	Batailles, fruits	Rome,	1660
p . . .	hift. payfages, & animaux.	A parcouru l'Italie	. . .
q 1600	Payfages.	Rome,	1682
r . . .	hift.	Rome,	1668
s 1566	hift port	Hollande,	1628
t 1608	Payfans & droler.	Anvers,	1640
v	Batailles.	. . .	. . .

Maîtres.	Disciples de
Samuel Cooper,	*a* Hoskin, étudie Vandick,
Guill. Dobson,	*b* . . . .
Michel-Ange Pace, *dit*	*c* Fioravanti,
Campadoglio,	
Abr. Dipenbeck,	*d* Rubens,
Pierr Testa,	*e* . . . .
Salvator Rosa,	*f* Daniel Falcone,
Philippo Laura,	*g* . . . .
Carlo Dolce,	*h* . . . .
Eustache le Sueur,	*i* Vouet,
Le Chevalier Pierre Lely,	*k* De Greuber de Haerlem,
Sebastien Bourdon,	*l* A étudié à Rome,
Charles le Brun,	*m* Son pere & Vouet,
Carlo Maratti,	*n* Andrea Sacchi,
Luca Giordano, *dit* Luca	*o* Pietro da Cortona,
Fà Presto,	
Ciro Ferri,	*p* Pietro da Cortona,
Jean Riley,	*q* Zoust Fuller,
Joseph Passari,	*r* Carlo Maratti,
Laurent de la Hire,	*s* . . . .
Michel Corneille,	*t* De Vouet,
Michel Dorigny,	*v* De Vouet son pere,
Nicolas Mignard,	*x* De Vouet.
Philippe de Champagne,	*y* Jean Bouillon, de Bruxelles,
François Chauveau,	*z* De la Hire,
Nicolas Loyr,	*aa* Bourdon,
Jacques Stella,	*bb* J. Stella, son pere,
Charles-Alfonse du Fresnoy,	*cc* Perrier, Vouet, & en Italie,
. . . Boulogne l'ainé,	
. . . La Fosse,	
. . . Jouvenet,	
. . . Coypel.	

Nez en)	Ont travaillé en	Ont demeuré à)	Morts en
a 1609	port. en mignat.	Londres,	16-2
b 16 0	port.	Londres, Oxfords,	·647
c 16 0	fruits, & sujets inanimés.	Rome,	1670
d . .	hist.	. . .	?
e 161	hist	Rome,	16 8
f 1614	hist payf.	Rome,	1673
g . . .	hist en petit.	. . .	
h 1616	hist.	. . .	1694
i 1617	hist.	Paris,	1655
k 6.7	port.	Londres,	1680
l 1619	hist. payf.	Rome, Suéde, Paris,	1673
m 1620	hist	Paris,	1690
n 162.	hist port.	Rome,	1513
o 1626	hist.	Rome, Florence, Naples & Madrid,	1694
p . . .	hist.	. . .	
q 1 -6	port.	Londres,	1691
r 1654	hist.	Rome,	1714
s . . .	hist.	Paris,	1658
t 1 0?	hist.	Paris,	1654
v 16 7	hist. gravure.	Paris,	1665
x .	hist port.	Avignon, Paris,	1668
y 160.	hist. port.	Bruxelles, Paris,	1674
z . . .	hist. grav.	Paris,	1674
aa . .	hist.	Rome, Paris,	1679
bb 1696	hist.	Rome, Paris,	1647
cc 1611	hist.	Rome, Venise & Paris,	1638

FAUTES A CORRIGER.

PREMIERE PARTIE.

Page 30 *ligne* 3 André le Nautre , *lisez* le Nôtre , ainsi qu'en plusieurs endroits.

52 *ligne* 6 Ut quem Gallia voluit , *lisez* Gallia coluit.

85 *ligne* 21 le Dessein , *lisez* les Desseins.

104 *dernière ligne* six Tableaux , *lisez* huit Tableaux.

135 *ligne* 6 quatre Tableaux , *lisez* sept Tableaux.

SECONDE PARTIE.

Page 117 *ligne* 7 cent dix-huit Evêchés , *lisez* cent douze

119 *ligne* 21 après Chaalons sur Saone , *ajoutez* S Claude.

121 *ligne* 11 Triguier , *lisez* Treguiers.

124 *ligne* 10 *ajoutez* Perpignan.

217 *ligne* 5 trois Ecoles , *lisez* quatre Ecoles.

ligne 6 page 254 , *lisez* 255.

1X

[illegible handwritten note]